AF176657

Porto zahlt Empfänger

Eine Biografie schreibt man nie »in einem Rutsch«, die Zeit schreibt mit. Meiner Familie und meinen Cousinen und Cousins, die mir ihre Augen geliehen haben, danke ich.

(Die Namen folgender Personen und Ortschaften wurden frei erfunden. Ähnlichkeiten mit lebenden Personen sind rein zufällig.)

ELVIRA CHRISTINA WESTPHAL

Porto zahlt Empfänger

Das Glück hat viele Facetten

Eine Reise in die Kindheit zu
Schrotsuppe, Magermilch und Lebertran

Biografie – Zeitzeugenbericht – Erinnerung
niedergeschrieben ab 2011

Bibliografische Information der Deutschen Nationalbibliothek
Die Deutsche Nationalbibliothek verzeichnet diese Publikation in der Deutschen
Nationalbibliografie; detaillierte bibliografische Daten sind im Internet über http://
dnb.dnb.de abrufbar.

© 2018 Elvira Christina Westphal
Satz, Umschlaggestaltung, Herstellung und Verlag: BoD – Books on Demand
Coverphoto: Spielplatz Königswall von 1943,
aufgenommen von Frieda Westphal
ISBN 978-3-7528-3655-4

Inhalt

EDITION MAI 2018

Erscheint in Erinnerung an den Tag der Kapitulation der deutschen Wehrmacht im Mai 1945 und an die Heimkehr meines Vaters aus russischer Kriegsgefangenschaft am 27. Mai 1948, dem 30. Geburtstag meiner Mutter, die heute 100 Jahre würde.

Dieses Buch widme ich meiner geliebten Tante Emma, von der auch der Titel »Porto zahlt Empfänger« stammt. Ihre Worte haben mich nie verlassen. Als hätte sie es geahnt vor mehr als 60 Jahren, als sie sagte: »Wenn du einst groß bist, machen wir mal ein Buch.«

Emma war unsere »Mutter Theresa«, ohne sie ging gar nichts. Sie hatte ein großes Herz und war für unsere Großfamilie eine geduldige Familien-Sozialarbeiterin. Und das war ein Ehrenamt! Sie hätte posthum einen Orden verdient. Kinder hatte sie selbst keine, dafür aber umso mehr Nichten und Neffen. Emma hatte kein schönes, aber ein ereignisreiches Leben. Eine Verlobung in jungen Jahren wurde aufgelöst. Warum, darüber hat sie nie gesprochen. Erst mit 35 Jahren heiratet sie Franz Friederich. In der Heiratsurkunde wurde Emma als deutsche Staatsbürgerin und bei der »rassischen Einordnung« als »deutschblütig« registriert. Die Heiratsgesetze von 1939 mussten streng eingehalten werden. Darüber war Opa sehr verärgert. Nur eine kurze Ehe war ihnen vergönnt, Franz musste Soldat werden und kam nicht mehr zurück. Er soll 1942 im Kampf bei Trehorski gefallen sein. Nach dem Krieg musste er für tot erklärt werden. Ein Grab gab es nicht. Emma trauerte trotzdem und sprach viel über Franz. Sie lernte einen anderen Mann kennen und lieben, der aber leider nach wenigen Jahren verstarb, noch bevor die Heiratsdokumente geklärt waren. Denn Franz war zwar für tot erklärt worden, aber man forschte noch einmal nach und das dauerte seine Zeit. Erst 1957 heiratete Emma einen Bahnbeamten i. R., der wesentlich älter war. Sie war eine geduldige Ehefrau, immer freundlich und hilfsbereit. Wie viele Patenkinder sie hatte, hat sie mir nie verraten, aber bei meinem ersten Sohn wurde sie gerne Taufpatin und eine andere kam für mich auch nicht infrage.

Ich habe Emma nie vergessen, sie fehlt mir heute noch. Nach so vielen Jahren benutze ich noch immer ihr Porzellan, das bei der XII. Triennale in Mailand mit dem Grand Prix ausgezeichnet wurde und das sie mir zur Hochzeit geschenkt hat. Und an den Feiertagen decke ich die Silbersachen auf, mit denen sie mich in den Jahren der Verlobungszeit überrascht hat.

Ein freudiges Ereignis

Sternstunde

An einem Sonntag im April der 40er-Jahre, mitten im Krieg, um genau 23 Uhr und 55 Minuten kam Ella schreiend im schönen Rheinland zwischen Rhein und Sieg auf die Welt. Sie hat so laut gerufen »Hier bin ich!«, dass ihr Leben fortan wie ein Kaleidoskop schicksalhaft, chaotisch und bunt war. Sie wurde auf einen gewundenen Weg geschickt. Großvater Ferdinand und sein »Kollege« Josef waren über ein Mädchen zunächst enttäuscht, aber dann überraschten sie die Kleine mit fünf Namen, einer schöner als der andere, besonders schön war Ella als Erinnerung an die schon verstorbene Großmutter väterlicherseits, die unglücklicherweise 1935 beim Versuch, die Vorratskammer aufzusuchen, die Kellerstiege heruntergestürzt war. Das war ihr persönliches kleines Schicksal, durch das ihr aber viel Schlimmes erspart geblieben war. Und wahrscheinlich nicht nur ihr. Doch Ella will sich nun selbst erinnern und erzählen ...

Die erste Musik, die ich hörte, war Mozarts »Kleine Nachtmusik« von einer Schellackplatte auf einem alten Grammophon mit großem Trichter, das von Opa Josef gerettet werden konnte. Mozart sollte mich fortan in meinem Leben immer begleiten. Wann immer Musik heimlich erklang, tobte draußen der Schrecken des Krieges. Und er erklang dort, wohin der Krieg die Familie gebracht hatte: in einer Holzbaracke, das Haus der Großeltern gab es nicht mehr.

Die Baracke bestand eigentlich nur aus einem Zimmer, aber meine Mama Frieda war praktisch veranlagt und trennte den Raum mit einer Bretterwand, sodass zwei Räume entstanden: eine Wohnküche und ein Schlafraum. Der Herd in der Wohnküche heizte die Räume und war gleichzeitig Kochstelle. Sie hatte ihn gegen einen Anzug aus guter Kaschmirwolle eingetauscht, den ihr Ehemann von einer Asienreise mitgebracht hatte und jetzt nicht mehr brauchte, da er ja eine Uniform bekommen hatte, und die sogar umsonst.

Im Schlafraum standen zwei Betten von 1,00 x 2,00 m, dazwischen stand ein Schrank von 1,50 m, das war's. Also war der Raum gerade mal

3,50 x 2,00 m und die Wohnküche 3,50 x 3,00 m groß mit je einem Fenster und einer einzigen Tür nach draußen. Der jungen Familie standen somit noch nicht einmal 18,00 m² zur Verfügung. Trotzdem hatten wir ein Zuhause, ein Dach über dem Kopf. Die Holzbaracke war unser Nest und bot viel Nestwärme.

Opa Josef trennte den Hof vor unserem Barackeneingang mit einem Zaun ab, sodass wir einen eigenen Spielplatz hatten mit Schaukel und Kindermobiliar aus besseren Zeiten. Das Mobiliar – Tischchen, Stühlchen, Bank – und anderes Spielzeug wurde an schönen Tagen rausgestellt, die übrige Zeit befand es sich in einem Schuppen, denn in der Wohnung war kein Platz. Kinder aus der Nachbarschaft schauten oft durch den Zaun. Ob sie manchmal mitspielen durften, daran kann ich mich nicht mehr erinnern. Sicher haben sie uns beneidet. Ich kann sie nicht mehr fragen.

Luise und Ludwig am Zaun

Da Vater Willi sich bereits im Krieg befand und in Rommels Armee versuchte, das Deutsche Reich noch größer zu machen, »von der Etsch bis an den Belt«, hatte jeder ein Bett für sich. Nach seinem Besuch der kleinen Familie sollte sich ein Jahr später ein zweites Kind einstellen, ein Junge. Er wurde Wilfried genannt, eine Verschmelzung von Wilhelm und Frieda. Sohni war sein Kosename, ein Sonnyboy. Fortan mussten wir zwei Kleinen uns ein Bett teilen. Das war im Winter schön warm. Besonders dann, wenn die Fenster mit Eisblumen verziert waren und wir nicht mehr rausschauen konnten. Oft hingen auch Eiszapfen an der Dachrinne. Eisblumen an Fensterscheiben kennt man heute gar nicht mehr, eigentlich schade. Eine Toilette gab es nicht, aber Töpfchen für die Kleinen, im Baracken-Milieu oft auch Pisspott genannt, und einige Meter vom »Haus« entfernt ein Plumpsklo mit in Stückchen gerissenem Zeitungspapier, das auf einem rostigen Nagel steckte. An sonnigen Tagen habe ich als Schulkind dieses Plumpsklo aufgesucht und oft gedacht, dass ein Kind durch das Loch fallen könnte – wie furchtbar. In einer späteren Zeit, als die Vergangenheit aufgearbeitet wurde, sah ich einen Film, der in Polen spielte. Dort hatten sich Kinder vor dem Abtransport ins Vernichtungslager in so einer Jauchegrube versteckt. Erst in der Dunkelheit verließen sie das Versteck wieder. Was müssen diese armen Kinder ausgestanden haben? Aber es sind wohl einige gerettet worden, denn sonst hätten sie dieses Erlebnis nicht weitererzählen können. Die Hölle auf Erden. Einmal im Jahr wurde die Jauchegrube abgepumpt und als Dünger auf die Felder geleert. Es stank fürchterlich und förderte Wurmerkrankungen, besonders bei Kindern. Ich war einmal davon betroffen.

Das Wasser mussten wir an einer Pumpe holen, aber es war sauber und trinkbar. Eine Lampe hatten wir auch an der Decke, immerhin. So viel Luxus haben die Leute in der Dritten Welt heute immer noch nicht.

Kinder trinken aus kleinen Flaschen mit einem Sauger. In den Kriegsjahren war es nötig, solche Dinge zu beantragen und bei Abholung im Familienbuch registrieren zu lassen. Allein das amtlich verfügte Familienbuch hatte schon 60 Reichspfennige gekostet. Vorschrift ist

Vorschrift. Und dann das noch: »Ein Sauger erhalten am 7. 5., Lebensmittel – Drogerie Gehlen.« Das war für Mutti Grund genug, nie wieder irgendetwas zu beantragen, das Familienbuch hätte zudem verraten können, dass wir leider nicht ganz arisch waren. Der Arier-Nachweis fehlte. Großmutter Ella war Jüdin mosaischen Glaubens, aus der Gruppe der Aschkenasim, und Deutsche. Sie lebte zwar nicht mehr, aber auch als Tote hätte sie alle in Gefahr bringen können.

1942, Sauger, Erhalt musste im Stammbuch notiert werden.

Es gibt so viele Dinge, die ein Säugling braucht, ohne Hightech kommt ein Kind heute gar nicht mehr zurecht. Und wenn eine Familie da nicht mithalten kann, spricht man von Kinderarmut. Das Wort gab es damals noch nicht. Es lag vielleicht daran, dass alle arm waren, nicht nur die Kinder.

In den 40er-Jahren waren die Menschen froh, wenn sie nachts durchschlafen konnten und nicht in den feuchten Erdbunker mussten, wo gelegentlich die Ratten auf den Holzstreben entlangliefen. Aber Ratten

sind auch Tiere, sie werden heute sogar als Haustiere und Schmuse-
tierchen gehalten. Damals landeten sie gelegentlich auch im Kochtopf,
ebenso Katzen. Das weiß ich genau, weil im Karneval oft gesungen
wurde: »Die Wienands han nen Has im Pott, miau, miau, miau.« Das
Lied war von Willi Ostermann, den Opa Josef sehr verehrte. Herr Ostermann wusste genau, wie es damals war.

Es war eine aufregende Zeit, niemand wusste, was der nächste Tag
bringt. Um bei Fliegeralarm keine wertvolle Zeit zu verlieren, wurden wir Kinder abends angekleidet ins Bett gebracht, nur Schuhe und
Mütze lagen nebenan. Gab es dann Alarm, wurden wir zwei aus dem
Bett gerissen, aus dem Schlaf sowieso, Schuhe an, Mütze auf den Kopf
und dann raus in den Erdbunker, eigentlich Erdstollen. Ich an Muttis
und Sohni an Oma Berthas Hand. Für jeden Erwachsenen stand dort
ein Stuhl, die Kinder wurden auf den Schoß genommen. Dann hieß es
stundenlang Ruhe bewahren und abwarten. Abwarten und Tee trinken
ging nicht, Tee hatten wir ja nicht.

Dann kam eine Masernwelle und auch ich und Sohni wurden krank.
Ich wurde fiebernd in Decken eingepackt und auf zwei Stühle gelegt,
wenn die Erwachsenen nach draußen mussten, um etwas Essbares zu
besorgen und nachzusehen, was passiert war. Die kräftigsten Kinder
packten die Masern gut, ich packte sie nicht so gut und als später noch
eine Keuchhusten-Epidemie grassierte, geschah es: Ich bekam durch
das ständige Husten einen Lungenriss. Das hatte gerade noch gefehlt.
Der Lungenriss sollte meine ganze Kindheit, ja, mein ganzes Leben
beeinflussen. Deshalb wurde ich auf dem Gebiet der Medizin fast zur
Expertin. Ich hustete und hustete, die anderen hielten Abstand. Hätte es
damals schon das Guinness-Buch der Rekorde gegeben, ich hätte an der
Spitze gestanden. Wer hustet, dem ist mit Vorsicht zu begegnen, man
könnte sich ja anstecken. Krankheiten wie Tuberkulose und Schwind-
sucht waren allgemein bekannt, auch bei denen, die nicht lesen konnten. Wie sich das äußert und zu Ende geht, wusste jeder. Das arme Kind.

Trotz allem war ich ein aufgewecktes Kind, doch auch sehr ruhig, für
mein Alter viel zu nachdenklich, aber immer hilfsbereit, voller Ideen,

und hatte angeblich einen scharfen Verstand. Den späteren Humor hatte ich wohl vom Papa geerbt, die deutsche Disziplin von Opa Ferdi und meine Liebe zu Büchern und mein Kunstinteresse von Mutti. Ich war naturverbunden, liebte alle Blumen und Pflanzen. Tiere weniger, die stinken, machen Dreck und sind gefährlich, wie ich dachte. Ich wusste, dass ich hübsch war, das hatten andere oft genug gesagt, um mich zu trösten, natürlich. Ich hatte schöne kastanienbraune Haare wie Oma Ella und Mutti, das bewunderte Opa Ferdi oft und strich mir dann übers Haar. Es kam, wie es kommen musste, ich entwickelte mich zur Einzelgängerin oder vielmehr zur »Solistin« und wurde früh selbständig. Eigentlich sollte ja jeder alleine gehen können, aber bei mir war es auffallend und früh. Alles wurde hinterfragt, musste hinterfragt werden.

Im Sommer 1944 wurde unsere kleine Stadt heftig bombardiert. Nicht weit von unsrem Barackenviertel entfernt stand auf einer Anhöhe die Flugabwehrrakete, kurz Flak genannt, das war auch uns Kindern bekannt. Die Lage zur Autobahn, Zugstrecke Köln – Siegen – Frankfurt, zur Rheinbrücke und zu Bonn war für die späteren Alliierten von größtem Interesse. Sie sollten zerstört werden, es gab daher oft Alarm, besonders nachts heulten die Sirenen. »Irgendwo in der Nachbarschaft hat es eingeschlagen«, sagten die Erwachsenen dann. In Oma Berthas Wohnküche nebenan fiel der Küchenschrank um, geradewegs auf die Glasscheiben. Da hatte es wohl ziemlich nahe eingeschlagen. Das vor dem Feuer gerettete Geschirr ging fast vollständig zu Bruch. Ich sammelte die schönsten Scherben mit Blümchen und Figürchen auf und als ich diese wegwerfen sollte, setzte ich mich energisch zur Wehr und erstmals meinen Kopf durch. Ich trennte mich von der Scherbenkollektion nicht. In meinem Kopf reifte die Idee für ein Mosaik. Steinchen neben Steinchen ergab ein Bild, Blümchen neben Engel, Sternchen neben Ranke, das musste wunderschön aussehen, eine Mosaikblume aus Scherben. Ich war kreativ. Oma Bertha gab mir eine alte Zigarrenkiste von Opa Josef. Die Zigarren gab es schon lange nicht mehr und Opa Josef war im Krieg weit weg, Das Mosaik habe ich nie verwirklicht, denn eines Tages nach einem Umzug war die Zigarrenkiste auf seltsame Weise plötzlich abhanden gekommen. An Scherben können sich Kinder schnell verletzen, aber ich habe mich in meinem ganzen Leben noch nie verletzt oder in den Finger geschnitten. Jedenfalls nicht so, dass es blutete. In den Finger schneiden und in den Finger schneiden ist eben auch relativ. Zu Blut ist es nie gekommen, sonst schon.

Opa Josef hatte man mit 52 Jahren noch schnell in die Uniform gesteckt und nach Frankreich geschickt, damit er seine im Ersten Weltkrieg in der Festung Ehrenbreitstein gesammelten wertvollen Erfahrungen einsetzen und den Sieg für Deutschland unterstützen konnte, notfalls mit seinem Leben. Die Grenze »von der Maas bis an die Memel« zu sichern, schaffte er dann aber doch nicht, also kam er im August 1944 nach Hause, zu Fuß. In Frankreich wurde er nicht mehr gebraucht, auch wenn er dort mit seinem frankophilen Aussehen gut hingepasst hätte. Weiterzukämpfen hatte keinen Zweck, nur sah man das in Deutschland noch nicht ein. Das Elend ging weiter. Jeder versuchte zu überleben, viele schafften es nicht. Wenn nicht Hunger oder Krankheit dem Leben ein Ende machten, wurde nachgeholfen. Die Erwachsenen sagten dann: »Die wurden abgeholt.« Warum und wohin? Kinderfragen, die Antwort lautete: »Das verstehst du noch nicht.« Später verstand ich von ganz allein.

In den 40er-Jahren schien es der Obrigkeit sinnvoll, Mütter und Kinder in den Osten zu schicken, da fielen angeblich keine Bomben und es gab mehr zu essen. Mutti sagte: »Der Osten ist zu weit, das schaffen Ella und Sohni nicht, ich bleibe besser hier.« Opas guter Freund aus der Holzhandelszeit, der Förster, hatte eine Hütte im Wald, wir durften dort einen Sommer verbringen. Der Wald gefiel uns. Im Herbst wurde es aber ungemütlich und wir kehrten in unsere Baracke zurück. Niemand wunderte sich, wir waren eben wieder zurück aus dem Osten. Die Fenster mussten verdunkelt werden, kein Lichtschein durfte nach draußen dringen und es gab eine Ausgangssperre.

Es ist schön, wenn eine Familie zusammenhält und sich gegenseitig besucht. Ein lieber Besuch war angekommen, wo sollte der aber schlafen?

Eine freundliche Nachbarin stellte eine Schlafstelle für Tante Rike und Cousine Inga zur Verfügung. Man half sich gegenseitig. Jetzt weiß ich, was es heißt, dass eine Hand die andere wäscht.

Mutti hatte eine Nähmaschine, da konnte man gelegentlich drauf zurückkommen. Papa meinte später: »Nähmaschine, Fahrrad und Frau verleiht man nicht.« Ein Fahrrad zu verleihen, das konnte ich mir vorstellen, aber eine Frau? Nun ja, eine Frau muss die Nähmaschine auch bedienen können, also Nähmaschine ohne Frau geht nicht. Logo!

Inga passte auf uns Kinder auf. Mutti musste Wichtiges erledigen und dann passierte es: An einem sehr heißen und ruhigen Augusttag hatte Oma Bertha ihren zweiten Schlaganfall. Sie saß in der Wohnküche auf der Bank und kippte seitlich um. Der Arzt kam nach Stunden, sah sie sich an und sagte:»Es sterben zurzeit so viele Leute, da kann ich nicht überall sein. Die Frau ist tot, hier ist der Totenschein, ich muss weiter.« Fort war er.

Wo bekommt man in solchen Zeiten einen Sarg her? Särge waren ausverkauft. Opa Josef hatte ja in besseren Zeiten mal einen Holzhandel und so gab es einen Schreiner, der bereit war, einige Bretter zu opfern und etwas wie einen Sarg zu zimmern. Noch heute sehe ich vor mir, wie Sohni mit seinen zweieinhalb Jahren vor der toten Oma steht und immer wieder sagt: »Hör mal, Oma, hör mal, hör doch mal.« Er wollte ihr etwas sagen, aber die Oma hörte nicht mehr. Stunden später wurde der Sarg auf einen Pferdewagen geschoben und abtransportiert. Und dann plötzlich, einen Tag später, stand Opa Josef in der Tür. Er war zurück, hatte den Weg zu Fuß geschafft. Er wollte seine tote Berta noch einmal sehen, also ging er mit seiner Tochter zur Kapelle und ließ den Sarg öffnen. Und da sahen sie: Oma Bertha hatte die Hände nicht mehr geschlossen. Wie war das möglich? Man hatte sie betend in den Sarg gelegt – und jetzt das. War sie doch nicht tot gewesen, hatte sie noch einen kleinen Funken Leben in sich gehabt? Hatte der Arzt sich geirrt? Oder war der Sarg vom Pferdewagen heruntergefallen? Es ließ sich nicht mehr klären. Der Schock saß tief und die trauernde Tochter hat diesen Moment ihr ganzes Leben lang nicht vergessen können. Jetzt hatte sie keine Mutter mehr, war selbst Mutter von zwei kleinen Kindern, deren Vater inzwischen strafversetzt in Russland kämpfte. Würde sich die Familie je wiedersehen? Wann nahm der Alptraum ein Ende?

Onkel Paul, der Mann von Tante Rike, war nach kurzem Einsatz bei der Luftwaffe gefallen, sie und die drei Kinder waren allein. »Wenn einer fällt, kann er doch wieder aufstehen«, sagte ich und bekam zu hören: »Ella, sei still!« Fallen und Fallen ist eben auch zweierlei. Ich musste verstehen lernen, dass »gefallen sein« etwas Endgültiges sein kann. Cousine Inga mit den langen Zöpfen und ihre Schwester Gudrun, die immer eine große Schleife in ihren blonden Haaren trug, waren daraufhin aufs Land nach Bayern geschickt worden, Kinderlandverschickung hieß das damals, zum Trauern und Vergessen, und sie sollten sich erholen und endlich etwas zunehmen. Opa war das suspekt und er sagte zu seiner Tochter Emma: »Emma, holt die Kinder zurück, bevor noch Schlimmeres passiert.« Und Emma holte die Kinder zurück. Tante Emma war für alles zuständig, sie hatte selbst keine Kinder und darum genug Zeit. Gefahr war überall und man konnte keinem mehr trauen. Auch meine Cousinen waren nicht rein arisch.

Der Krieg ist aus

Durch den heimlich gehörten Volksempfänger wurde es amtlich: Der Krieg ist aus! Es war Mai im Jahr 1945. Wir hatten überlebt. Vater war in russische Gefangenschaft geraten und momentan in Sibirien. Wo war das genau? Sein Bild stand auf dem Küchenschrank und lächelte uns an, ein Mann in einem eleganten Anzug mit Krawatte. Überall zogen die Alliierten durch die Straßen, viele freuten sich, andere nicht. Deutschland wurde in Zonen eingeteilt. Die Erwachsenen sagten Dinge wie »den haben sie gehenkt«, »die haben sie eingesperrt« oder »der wurde erschossen« und Wörter wie: Soldatenliebchen, Flittchen, Mischlingskind, Vergewaltigung. Und immer wenn ich das alles nicht richtig verstand, nachhakte und meine Meinung dazu beitrug, sagte meine Mutti: »Ella, du bist extrem.« Ich konnte aber nichts dafür, es war mir in die Wiege gelegt.

Die öffentliche Ordnung musste wiederhergestellt werden. Es muss viele Blinde in Deutschland gegeben haben, die meisten hatten nämlich nichts gesehen und gewusst erst recht nichts. Wie war das möglich? Wir waren doch das Volk der Dichter und Denker? Hatte sich das erledigt? Wenn es so viele Blinde und Analphabeten gab und vielleicht noch gibt, dann muss diese Erbkrankheit unbedingt näher erforscht werden. Das ist schlimm. Und es wird geforscht und es wird aufgearbeitet, es dauert zwar lange, aber es wird.

Erst neun Monate später wurde Oma Berthas Grab bescheiden mit Margeriten aus dem Garten bepflanzt. Wir hatten sie nicht vergessen. Städte, Straßen und Brücken waren zerstört, überall lagen Trümmer. Es gab sogar Trümmerfrauen und andere auch. Trümmerfrauen trugen Kopftücher, Mutti bevorzugte eine Kappe, das war auch hübscher. Nur wenn wir auf die Felder zum Nachharken und Nachlesen gingen, band auch sie sich ein Kopftuch um. Schon 1946 war Mutti einige Male zum Hamstern ins Westfälische gefahren. Opa Ferdi hatte so seine bäuerlichen Kontakte und gab Mutti Empfehlungsschreiben mit. Das eine oder andere Teil wurde versetzt. Wenn es um Kartoffeln ging, musste Mutti noch zwei andere Bekannte aus der Nachbarschaft mitnehmen, Kartoffelsäcke sind schwer. Sie waren ein gutes Team: Einer blieb bei den eingetauschten und gesammelten Kartoffelsäcken, manchmal waren auch Speck und Kohl dabei, einer transportierte so viel wie möglich mit dem Fahrrad zum Bahnhof und einer passte dann am Bahnhof auf die Sachen auf. Der mit dem Fahrrad musste den Weg mehrmals machen, bis alles am Bahnhof war und sie gemeinsam in den Zug steigen konnten, wenn er denn fuhr. Zu Hause im Rheinland wurden dann die erhamsterten Schätze geteilt. Das hat uns und anderen geholfen, die Zeit zu überleben. Wir Kinder blieben so lange bei Nachbarn, die bekamen auch etwas ab. Hamstern kommt von Hamster, weil Hamster gerne ihre Backen vollstopfen und hamstern. Logo!

Am Drachenfels in Königswinter

An einem schönen Sonnentag dann fuhr Mutti mit uns und Kindern aus der Nachbarschaft, Agathe und Anni, und Tante Josephine nach Königswinter zum Drachenfels. Das war ein besonders Erlebnis. Diese Besuche fanden fortan jedes Jahr statt, wenn es mir ärztlicherseits erlaubt wurde. Wenn wir im Westfälischen waren, wanderten wir jedes Jahr zum Kaiser-Wilhelm-Denkmal in Porta und zum Hermannsdenkmal im Teutoburger Wald.

Unsere erste gemeinsame Reise nach dem Krieg zu den Verwandten in Westfalen, unserer zweiten Heimat, im Spätsommer 1946 war ein richtiges Abenteuer. Am Vortag reiste Mutti mit uns Kindern in Begleitung einer Nachbarin bis Köln-Deutz. Erst am folgenden Tag konnten wir die Reise fortsetzen und mussten daher im Dombunker übernachten. Nur Fußgänger durften die Brücke überqueren, sie war einsturzgefährdet. Im Dombunker gab es Etagenbetten aus Eisen. Waren die aus einer Anstalt? Wie viele Menschen waren darauf schon gestorben? Ich war ängstlich, traute mich nicht, auf die dunkle Toilette zu gehen, und nässte nachts prompt ein. Vor aller Leute Augen wurde ich morgens ausgezogen und frisch gemacht. Ich habe mich so geschämt.

Dann ging es ohne Frühstück über die Brücke zurück nach Köln-Deutz, es war noch nicht ganz hell. Die Tante Nachbarin setzte uns in den Zug, verabschiedete sich und wir waren mit Mutti allein. Sohni legte sich gleich ins Gepäcknetz, was damals wirklich ein Netz war. Er hatte ein sonniges Gemüt, war eine rheinische Frohnatur und schlief sofort ein. Während der langen Reise saßen wir auf harten Holzbänken, einen Speisewagen gab es nicht, das Bistro war noch nicht erfunden. Der Zug hatte eine Lokomotive, die mit Kohle befeuert wurde und Dampf entwickelte, es stank und rußte. Wenn jemand auf der Toilette »sein Geschäft« machte«, fiel alles auf die Gleise. Ein Geschäft machte man eigentlich nicht, aber so hieß das. Für eine Frau mit zwei kleinen Kindern, zwei Koffern, Rucksack und Tasche war diese Reise keine leichte Aufgabe. Und Proviant musste auch noch mitgenommen werden. Aber Mutti hat alles unter einen Hut gebracht. Aber wie bringt man drei Menschen mit Gepäck unter einen Hut? »Das heißt nur so«, sagte Mutti. Die Reise dauerte mehr als einen Tag, wir kamen im Dunkeln an. Eine Strecke, die heute bequem in vier Stunden zu schaffen wäre.

Tante Emma und Tante Martha kamen uns im Dunkeln auf der Weserbrücke mit einem Handwagen entgegen, es war leicht neblig. Opa Ferdi hatte sie geschickt. »Die müssen doch bald ankommen«, hatte er gesagt. »Und nehmt den Handwagen mit für das Gepäck und die Kinder.« Er dachte immer an alles. Wir holperten über das schiefe Kopfsteinpflaster der alten Straße mit den vielen jahrhundertealten Häusern. Das alte Haus – ein richtiges Steinhaus! – war mir sofort vertraut. Es gab sogar eine Toilette direkt im Haus mit Wasserspülung, ich fühlte mich heimisch. Opa stand an der Treppe und lachte uns an mit seinen hellen graublauen Augen. Sein Kaiser-Wilhelm-Bart blieb mir immer in Erinnerung, ich mochte ihn. Wir gingen in die Küche. In seinem Zimmer dahinter hatte er Leckerbissen bereitgehalten, Sohni bekam große Augen. Grundsätzlich bekam Sohni jede Nacht Hunger. Darum stellte Tante Emma abends immer einen Teller mit Broten auf den Nachttisch, essen konnte er schon alleine. Es gab viel zu erzählen und viel zu viel Trauriges. Ich vermisste meine Cousinen Hannelore und Ruth und Teddy, mit denen ich gespielt hatte und an die ich mich noch vage erinnern konnte. Vielleicht hatte ich sie auch vermisst. Jedenfalls stand ich immer vor den drei Bildern, die bei Tante Martha an der Wand hingen. Hannelore war blond, Ruth sehr hübsch mit schönen, langen, kastanienbraunen Haaren und Teddy hatte abstehende Ohren. Wie erklärt man einem Kind, dass die drei nicht mehr da sind? Nur allmählich begriff ich, was passiert war. Heute kann ich es sachlich wiedergeben: Kurz vor Kriegsende am 10. April 1945 hatte es auch in Westfalen heftige Bombenangriffe gegeben. Dabei waren Hannelore, Ruth und Teddy im Bunker am Königswall ums Leben gekommen. Sie waren zusammen gestorben als Kinder. Ob die drei sich wohl an der Hand gehalten hatten? Es war für mich als kleines Kind ein Schock. Tante Martha hat den Verlust der Kinder nie verkraftet, manchmal trank sie und rauchte viel. Arme Tante Martha, ich mochte sie sehr.

Im August 1945 war dann auch Tante Lina gestorben, die immer sehr krank gewesen war und viel gehustet hat. Ob das so ein Husten war wie bei mir? Ich konnte mich an sie gar nicht mehr erinnern, die Begegnung war zu lange her und ich war gerade drei Jahre alt gewesen, als wir sie das letzte Mal besucht hatten. Vielleicht hat die arme Tante aber auch in dem Bombenlärm nicht schlafen können, wenig zu essen gehabt und ist darum gestorben. Ich muss unbedingt zunehmen.

Aus dem Fenster in der Küche konnten wir zum Nachbarn sehen und auch hören, was dort geschah; Frau Schäfer hatte eine laute Stimme und rief immer: »AGATHE, AGATHE!«

Darauf meinte Cousin Fritze: »Agathe, die Puppe kotzt.«

Eine Puppe, die kotzen kann, die wollte ich unbedingt mal sehen.

»Die sind teuer, kosten viele Moneten«, sagte Sohni.

Fritze konnte sich dann aber daran erinnern, dass er in der Zeitung gelesen hatte: »Das Geld soll abgeschafft werden, manche haben schon keins mehr.« Tante Emma gab ihm dann einen Schubs und er rannte fluchtartig die Treppe herunter.

Fritze hatte einen Bruder, den nannten alle Patchen. »Patchen? Ist das ein ausländischer Name?«, fragte ich.

»Nein, der heißt so, weil er sich immer wie Pat & Patachon benimmt, ist also unser kleiner Pat, also Patchen«, wurde mir erklärt.

Ach so, die kenne ich nicht, dachte ich. Patchen war als junger Mann Soldat geworden und in englische Gefangenschaft geraten. Zum Glück kam er wieder nach Hause. Tante Martha freute sich, dass ihr Sohn wieder da war.

Unser Sohni strolchte immer in der Remise herum. Tante Martha fragte deshalb mal: »Was machst du eigentlich immer in dem Schuppen?«

Und Sohni antwortete: »Ich habe zwei Pferde.«

Tante Martha tat überrascht. »Was, du hast zwei Pferde? Dann zeig mir die mal«, sagte sie.

Darauf Sohni: »Die kannst du nicht sehen, die sind blind.«

Ja, mein Bruder Sohni konnte perfekt lügen. Von den Pferden träumte er wohl, weil uns Opa mal erzählt hatte, dass Onkel Christian eines Tages ein Pferd mit in den Hausflur genommen hätte, weil es draußen stark regnete und die Remise vollgestellt war mit allerhand Sachen, die sie in der schlechten Zeit so brauchten, und jetzt eben ein Schuppen war.

Dieser Schuppen war für die Buben ein Abenteuer, wenn Sohni weg war, war er für Raul das reinste Eldorado. Da gab es so manches wie Sattel, Halfter und Zaumzeug, es wurde zwar nicht mehr gebraucht, konnte aber verkauft werden. Und heimlich ein Schwein großziehen wollte Opa jetzt auch nicht mehr, er fühlte sich zu alt dafür. Außerdem kauften die Menschen Fleisch jetzt wieder im Laden. Zudem hatte er Kontakte zu einem Schlachthof, wo Onkel Karl Schlachtermeister war. Und Opas große Tochter Bertha war Verkäuferin in einer Fleischerei.

Eines Tages war Sohni verschwunden. »Sohni ist weg«, riefen alle. Das ganze Haus, die Nachbarn, die ganze Straße suchten Sohni. Schließlich, es kam mir vor wie eine Ewigkeit, schlenderte Sohni, die Hände in den Hosentaschen, vergnügt die Pöttcherie entlang und lachte. »Sohni, endlich, wo warst du denn?«, rief ich.

Und er antwortete: »Ich hab mir mal die Stadt angesehen.« Einer der Straßenbahnschaffner, der in der Nähe wohnte, in einer der kleinen und engen Straßen, die Vater später immer als Hundeköttelstraße bezeichnete, erzählte, dass Sohni die Martinitreppe heruntergekommen und selbstbewusst in die Straßenbahn eingestiegen wäre, dann mitfuhr vom Markt bis zum Denkmal und wieder zurück. Als Menschen ihn fragten: »Wer bist du denn«, habe er in rheinischem Dialekt gesagt: »Ich heiße Sohni und kumme us Kölle.« Das war also wieder gelogen. Aber Köln war zeitlebens seine Lieblingsstadt.

Onkel Paul war gefallen, das wusste ich ja nun schon, aber wie ging es Onkel Karl, Onkel Christian, Onkel Richard und Onkel Franz, dem Mann von Tante Emma? Wir vermissten sie alle. Sie waren in Gefangenschaft geraten. Doch irgendwann kamen sie fast alle wieder nach Hause. Ich schickte abends ein Gebet an den Himmel, beten konnte ich schon allein. Für Onkel Franz war es umsonst. Onkel Franz wurde nach Jahren für tot erklärt, was auch eine neue Erfahrung für mich war.

Von Onkel Richard erfuhren wir nie etwas, er blieb einfach verschwunden. Vielleicht war sein Schiff im Meer versunken und er ertrunken, so dachte ich oft. Aber bei meiner Recherche zur Familienchronik sollte ich dann tatsächlich eine Spur finden, und zwar ein Grab auf einem Ehrenfriedhof. Ich hatte immer Angst vor Wasser und Feuer. Wen wundert das. Die anderen Onkel sind glücklicherweise zurückgekommen.

Vater schickte Feldpostkarten aus Russland, die Mutti hütete sie wie einen Schatz. Später schickte er an Weihnachten und Ostern Grußkarten nach Westfalen, das durfte er nie vergessen, Mutti passte auf.

Wenn die jüngere Tante Erna-Rosa mit ihren sechs Kindern kam, wurde es eng. Ulla war schon groß, sie hatte zusammen mit Cousine Inga Konfirmation. Da Tante Rike selbst nicht genug Geld hatte, um Kuchen zu backen, durfte Inga bei Tante Erna-Rosa und Ulla zur Kaffeetafel kommen. Moni und ich waren fast gleich alt, Moni war aber etwas größer, dafür hatte ich längere Haare. Aber wir beide hatten fast die gleichen Schatten unter den Augen – Augenringe. Die Brüder Lothar, Horst und Clausi waren älter als ich, aber Dieter war fast genauso alt wie Sohni. Es war selten, dass wir alle zusammen waren. Einen nannten die Erwachsenen Geiger. Ob er eine Geige hatte, weiß ich nicht. Wir gingen zum Spielplatz am Königswall und Mutti schoss ein Foto. Mit einem Fotoapparat schießen – was die Erwachsenen so reden.

Die Mansardenräume oben im Haus, wo wohl ganz früher mal die Söhne geschlafen hatten, also auch mein Papa, waren vermietet. Ich mochte die steile Treppe nicht, war aber neugierig. Wenn ich raufgestiegen war, konnte ich aber nicht mehr runter, also setzte ich mich auf den Popo und rutschte Stufe für Stufe hinab. Ich hatte nämlich Höhenangst. Tante Emma sagte immer: »Bleib unten, da oben stinkt es.«

Das stimmte, und Opa meinte: »Das kommt von den vielen Eiern.« Der Mann, der dort wohnte, zog über Land, er handelte mit diesem und jenem und mit Eiern, die diese Familie wohl auch selbst reichlich verzehrte. Ich habe die Leute nie gesehen und fragte mich, ob sie vielleicht keine Kinder mögen.

Eier? Ob dieser Mann auch Tante Erni Eier gebracht hat? Da fällt mir ein, dass ich mal bei Tante Erni, die in der Nähe wohnte, mit Cousine Jette Verstecken gespielt habe. Jette war drei Jahre älter als ich und schon recht vernünftig. Wir krochen durch alle Ecken, auch unters Bett, aber dann versteckte sich Jette im Kleiderschrank und setzte sich genau in den Eierkorb. Das Geschrei war groß und nicht zu überhören: »Jette, die Eier!« Eier waren damals wertvoll, sie kosteten viel mehr als heute. Für ein Ei habe ich bei der Försterfrau zwei Groschen, also 20 Pfennig, bezahlt. Frühstückseier gab es nur an Feiertagen. Jette hat geheult, ich war verdattert. Später habe ich das Tante Emma erzählt und die sagte lapidar: »Ja, warum liegen die Eier denn auch im Kleiderschrank? Oben auf dem Kleiderschrank wäre es doch besser gewesen. Jetzt muss Erni sehen, wie sie die Plätzchen hinkriegt.« Da hatte sie recht.

Backen ohne Eier – Rübensaftplätzchen
2 mittelgroße Essl. Rübensaft, 1 und ½ Pfd. Mehl, Pfefferkuchengewürz,
10 g Natron, 10 g Pottasche. Alle Zutaten zu einem festen Teig verarbeiten,
ausrollen, Formen ausstechen und bei Mittelhitze backen.

Da ich sehr krank war, bekam ich die schönste Stube, sie war ehemals Oma Ellas Schlafkammer. Sie war klein, hatte aber weiße Möbel und einen Spiegel an der Wand. Kleine Rosenblümchen zierten die Bettwäsche. Ich liebte diese Wäsche, sie sollte mich noch überraschen. Abends wurde die Tür nur leicht angelehnt. Für den Fall, dass ich mal einen Anfall kriegen sollte, sollte ich einfach rufen. Ich habe keinen Anfall bekommen, ich habe auch nicht gerufen, aber ich hörte den Erwachsenen zu beim Erzählen, sie sprachen etwas lauter, da Mutti schlecht hörte. Sie sprachen von Irmel, Halbjude Hans, Rassenschande, Louis und Carla. »Der soll sich hier bloß nicht mehr blicken lassen«, sagte Opa, »der ist nicht mehr mein Sohn. Emma, lass endlich deine Papiere ändern, du und deutschblütig, die waren ja verrückt.«

Ich hörte, aber ich verstand nicht. Sollte ich Mutti fragen? Besser nicht, die verdrehte oft die Augen und war dann ärgerlich, ich machte ihr schon genug Kummer.

Emmas Heiratsurkunde, Nationalität: »deutschblütig«

Siebzig Jahre nach dem Krieg kann man kaum nachvollziehen, mit welchen Problemen Brautleute zu kämpfen hatten, und Jüngere werden es wohl kaum glauben. Aber in der Zeit des Nationalsozialismus hatte der Standesbeamte zum Beispiel bei Tante Emma ein Problem, er wollte oder musste einen Bezug zur jüdischen Mutter vermeiden. Die Mutter, Jüdin, war zum christlichen Glauben konvertiert und auch ihre Kinder waren alle getauft und konfirmiert. Eine bedeutende Regel im Judentum besagte aber, dass die jüdische Identität traditionell über die Mütter an ihre Kinder weitergegeben wird, ganz gleich, welcher Religion der Vater angehört. Definiert man nun »jüdisch sein« über die Mutter, gilt das bis zum heutigen Tag. Weitere zwei Ehen wurden danach in der

Familie ohne Abliefernachweis geschlossen. Zum Glück änderten sich die Gesetze bald. Der Standesbeamte hat es verstanden, seine Pflicht zu tun und dennoch menschlichen Anstand zu bewahren. Er übte seine Tätigkeit auch noch nach 1945 aus.

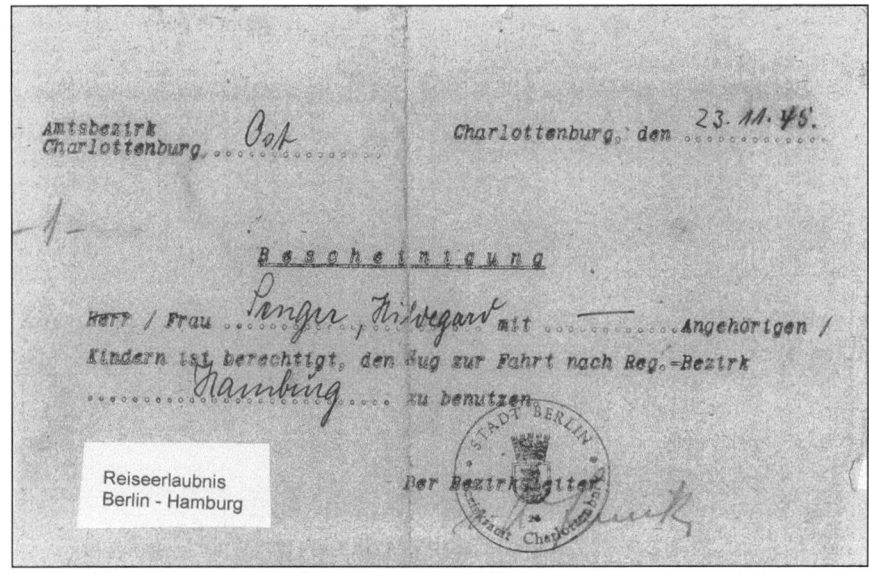

Reiseerlaubnis von Zone zu Zone ...

Es ging uns gut bei Opa Ferdi, wir erholten uns und fuhren erst nach Wochen wieder nach Hause in unsere Baracke. Unsere Aufenthaltsgenehmigung in der britischen Zone war wegen der Lebensmittelmarken beendet, wir mussten in die belgische Zone zurück. Opa Josef freute sich, nach drei Wochen unserer Abwesenheit im Rheinland war er uns zum zweiten Mal hinterhergereist und hatte erklärt: »Frieda, du kannst mit den Kindern nicht so lange wegbleiben.« Er hatte Entzugserscheinungen. Aber so lernten sich die beiden Großväter kennen und Opa Josef sah, dass es uns gut ging im Westfälischen.

Opa Ferdi hatte uns vor unserer Abreise mit reichlichen Vorräten versorgt. Die Koffer mussten aufgegeben werden. Zum Abschied gingen wir noch einmal über den Hof. Das Schwalbennest hing noch immer unter der Dachrinne. »Die kommen wieder«, sagte Opa, »so wie ihr auch nächstes Jahr wiederkommt.« Opa schaute auf seine Taschenuhr und nahm uns alle noch einmal in den Arm. Seine blaugrauen Augen glänzten, meine auch.

Hamsterzeit

Zu Hause angekommen, beauftragte Mutti einen Fuhrmann, unser Gepäck am Bahnhof abzuholen. Angeblich steckte der gute Mann dann seine Pfeife mit dem Abholzettel an und Mutti konnte nicht mehr belegen, was nun unser Gepäck war. Wir hatten nichts mehr, die ganze Kinderkleidung war weg. Und der Winter stand bevor. Mutti meinte, der Mann würde lügen, ich fing an zu philosophieren und war mir sicher, dass der Krieg die Menschen schlecht macht, dass er sie total verändert. Ich war sechseinhalb und schlug mich mit solchen Gedanken herum. Aber in solchen Zeiten hält eine Familie zusammen. Tante Emma, Tante Martha, Tante Rike, alle, die nähen oder stricken konnten, machten sich an die Arbeit. Nach einigen Wochen kam ein Paket mit vielen schönen Sachen, Mutti freute sich. Ich weniger, als ich sah, dass aus der Rosenblütenbettwäsche aus Oma Ellas Schlafkammer ein Kinderkleidchen geworden war. In den Rosenblüten zu schlafen war wunderschön gewesen, aber ein Kleidchen? Ich fing an zu weinen und konnte mich kaum beruhigen.

Mutti besorgte auf ihren Hamstertouren Kartoffeln, außerdem gingen wir in der Erntezeit auf die abgeernteten Ährenfelder zur Nachlese. So viele Ähren blieben liegen, es war jammerschade. Mutti brachte die Ähren zu einer Mühle, damit sie gemahlen wurden, dann bekam sie Mehl und auch das Schrot ließ sie sich einpacken. Das Mehl war zum Backen, mit dem Schrot konnten wir noch eine Milchsuppe kochen. Sie sei sehr nahrhaft, sagte Mutti immer, aber sie schmeckte nicht besonders. Gesüßt wurde mit Süßstoff, es hieß Sacharin. Manchmal waren ein paar Haferflocken und Rosinen in der Milchsuppe. Im Herbst gingen wir zum Kartoffelnachharken. Es blieb viel zurück. Wir machten mit unseren Kinderhänden mit, es war mir aber stets ein wenig unangenehm, weil die Hände dabei ja nicht sauber bleiben konnten. Und saubere Hände waren mir wichtig. »Ich nehme die Kinder mit, dann sind sie in meiner Nähe«, sagte Mutti zu Opa Josef und wir waren stolz, helfen zu können.

Wer einen Garten und den ein oder anderen Obstbaum hatte, war reich. Obst einkochen hieß auch einwecken, aber was hat das mit »wecken« zu tun? Am liebsten mochte ich Pfirsiche, die hatten so einen wunderschönen Duft. Mutti nannte es Aroma. Ich fand es schade, dass die vielen Steine einfach weggeworfen werden mussten. Einige habe ich dann heimlich in die Erde gesetzt. Mancher Stein ist zum Strauch geworden, das freute mich sehr. Meine Naturliebe war groß, das ist sie heute noch.

Im Wald gingen wir Bucheckern sammeln, die Mutti in eine Margarinefabrik brachte. Dafür bekam sie Fett, manchmal auch Öl. Holz sammelten wir ebenfalls. Wobei Mutti einmal einen Birkenbaum, der durch den Wind schief gewachsen war, absägte, was jemand beobachtete und sie dafür anzeigte. Aber sie wurde nicht eingesperrt, musste jedoch versprechen, dass sie das nicht noch einmal tut. Das machte Mutti auch nicht, aber der Baum war wirklich total schief gewesen. Ob meine Mutter damals schon wusste, was »fringsen« ist? Ich weiß es nicht. Raucher bekamen neben den Lebensmittelmarken auch Bezugsscheine für Tabak. Mutti rauchte zwar nicht, aber sie zählte sich dazu und bekam Tabak. Davon drehte sie Zigaretten und verkaufte sie an Leute, denen die Zigaretten wichtiger waren als Brotmarken. So was soll es geben. Süchtige gab es schon immer. Einen Hinweis, dass man davon schwer krank werden kann, gab es noch nicht, das war eine moderne Erkenntnis. Man lernt nie aus. In der Vorweihnachtszeit bastelte Mutti Puppen, die sie verkaufte. Es war damit nicht viel zu verdienen, aber wer den Pfennig nicht ehrt!

Aus dem Osten kamen Flüchtlinge und sie wurden einquartiert. Klar, wo sollten sie auch sonst hin? Wussten wir doch: »Maikäfer flieg, der Vater ist im Krieg, der Vater ist in Pommernland, Pommernland ist abgebrannt, Maikäfer flieg.« So haben wir oft herumgehopst und gesungen. Wer hatte uns das eigentlich beigebracht? Pommernland war doch im Osten, wo es mehr zu essen gab, keine Bomben fielen, und jetzt war es abgebrannt? Wie hatte das geschehen können? Die ersten Flüchtlingsunterkünfte wurden gebaut, Häuser kamen später. Flüchtlinge waren nicht beliebt, das wussten sie auch. Ein Flüchtling sein, das war fast ein Schimpfwort.

Und dann kam auch Muttis Schulfreundin Elly mit den drei Kindern aus Pommernland zurück. Sie hatten den Transport dorthin nicht verhindern können. Als im Osten alles zusammenbrach, Pommernland also abbrannte, war sie zu Fuß mit dem Kinderwagen losgezogen in Richtung Westen. Ihr Sohn war so alt wie ich und hat auf der Flucht den Verstand verloren, er war nun geistig behindert. Elly und die drei Kinder wurden auf einem Dachboden einquartiert. Alte Gemüsekisten dienten als Möbel, geschlafen haben sie auf dem Steinboden mit einer dünnen Decke. Mutti hatte Tränen in den Augen, als sie nach einem Besuch bei ihr davon erzählte. Elly hat jede Arbeit angenommen, putzen, kochen, waschen und nähen bei anderen Leuten, denn von der kleinen Kriegswitwenrente konnten sie nicht leben. Elly war sehr fleißig und sparsam, später hat sie von der Kirche ein kleines Grundstück bekommen und ein Haus gebaut für ihren behinderten Sohn. Frauen wie Elly hätten einen Orden verdient, aber das wusste niemand, sie profilierten sich nicht. Ihren Mann hat sie nie wiedergesehen und die Kinder haben ihren Vater nie kennengelernt.

Was aus Muttis Freundin Jopi aus Holland geworden ist, hat sie nie in Erfahrung bringen können. Jopi und Mutti hatten sich einmal bei Bekannten kennengelernt. Die Bekannten hatten Angst, eine Ausländerin zu beherbergen, und hatten ihr den Rat gegeben, nach Holland zurückzukehren. Sie kam in unsere Baracke und Mutti hat sie in einem Kellerloch zwei Tage lang versteckt. Dann schien die Lage günstig und Jopi hat ihr Glück versucht. Danach hat Mutti nichts mehr von ihr gehört. Wie mag ihr »Glück« ausgesehen haben?

Mein Zustand verschlechterte sich. Ich kam in Behandlung auf den Mühlenhof, fast in Quarantäne, später in das Kinderkrankenhaus Haus Epstein. Sonntags kam Mutti zu Besuch und mittwochs kam Opa Josef. Opa Josef entging nichts, er sah sofort, dass ich mich immer am Kopf kratzte. »Wenn du Sonntag die Kleine besuchst, dann nimm den Läusekamm mit«, sagte er.

»Ella hat doch keine Läuse«, entrüstete sich Mutti.

Doch er beharrte: »Du nimmst den Kamm mit.«

Das tat Mutti auch und ging mit mir in den Baderaum, um mich heimlich zu kämmen. Es war leider nicht zu leugnen: Ich war total verlaust. Opa Joseph hatte sich nicht geirrt und machte ordentlich Krach in der Krankenhausverwaltung. Die Ursache: Die Schwester, die uns Kinder betreute, hatte alle mit dem gleichen Kamm gekämmt. Wir bekamen nun alle eine Läusekappe, nur mir mussten vorher auch noch die langen Haare abgeschnitten werden. Meine schönen kastanienbraunen Haare! Und das Läusemittel brannte und stank furchtbar. »Kind, die Haare wachsen wieder. Hauptsache, die Läuse sind weg«, sagte Mutti.

Sohni hatte nie Läuse, dafür aber einmal Flöhe, sein ganzer Pullover war voller Flöhe. Als Mutti das entdeckte, hat sie Sohni vor der Haustür sofort nackt ausgezogen, die Kleidung auf einen Haufen gelegt und angezündet. Das machte man damals so.

Sonntags gab es im Krankenhaus oft süßes Brot mit Rosinen, das mochte ich überhaupt nicht. Einmal habe ich es einfach aus dem Fenster geworfen. Es landete unten in den Rhododendronbüschen. Der Gärtner hat es nach Tagen entdeckt und es gab großen Ärger. »Das kannst nur du gewesen sein«, sagte er. Ich schämte mich. Dann gab es eines Tages zum Abendbrot zerquetsche Ölsardinen auf Graubrot. Welches Kind mag denn so etwas? Ich nicht. Da ich mich weigerte, wurde ich in die dunkle Besenkammer gesperrt. »Du kommst erst wieder raus, wenn du das Brot aufgegessen hast«, sagte man mir. Und das meinten die ernst! Im Regal standen leere Bohnerwachsdosen und ich legte das Brot dort rein. Nach einiger Zeit kam jemand und sagte: »Ja, warum denn nicht gleich so?« Ich durfte »die Zelle« wieder verlassen und ins Bett. Es dauerte aber nicht lange und die Brote wurden von der Putzfrau entdeckt, aber sie waren mittlerweile hart und trocken. Da hatte ich Glück gehabt.

Im Frühjahr 1947 hätte ich eigentlich eingeschult werden müssen. Aber auch die Schulen waren von den Bomben schwer getroffen worden, die Fenster waren beschädigt, die Heizungen funktionierten nicht, Lehrer fehlten. Mutti meinte, für mich sei es eh zu früh, sie würde einfach beide Kinder im Kindergarten anmelden. Dann könnten sie nächstes Jahr zusammen eingeschult werden und Sohni könnte auf mich aufpassen. Wobei es keine Kindergärten gab, aber immerhin schaffte sie es, uns bei den Nonnen im Pauline-von-Mallinckrodt-Haus unterzubringen. Die Schwestern führten eigentlich ein Waisenhaus, aber damals auch eine Kindergartengruppe, noch später gaben sie Haushaltskurse. Die Schwestern waren lieb, sie brachten uns viel bei, was man heute wohl Vorschulerziehung nennt. Ich bin gerne dorthin gegangen.

Der Februar 1948 war sehr kalt. Extrem kalt. Ich lernte: Ach, das ist also extrem? Eiszapfen hingen an den Dachrinnen und es war glatt. Die Leute streuten Asche, Streusalz kannte man noch nicht. Mutti sagte: »Ella, hol Sohni, das Essen ist gleich fertig.« Ich machte mich auf den Weg, begeistert war ich nicht. Sohni war bei den Weihern im Wald, die waren zugefroren und er lief Schlittschuh. So etwas konnte ich nicht und es war für mich auch zu anstrengend. Kälte liebte ich auch nicht. Die Schlittschuhe hatte ihm Opa Josef besorgt, irgendwie. »Sohni, du sollst nach Hause kommen, wir wollen essen«, rief ich.

»Ja, ich komme gleich, nur noch eine Runde«, rief er zurück.

»Du sollst kommen!«, rief ich erneut und stampfte mit den Füßen auf. Ich war wütend, denn er hörte mal wieder nicht. Wobei, hören konnte er natürlich schon, aber in manchen Momenten schlechter.

»Ja, gleich«, rief er und lief weiter. Und dann war es passiert: Das Eis brach ein. Ich stand am Ufer, war versteinert wie Lots Frau und wusste mir nicht zu helfen. Zum Glück waren zwei größere Jungen da, die wussten, was zu tun war. Sie legten einen Schlitten verdreht auf das Eis, robbten sich heran und zogen Sohni heraus. Dann rannte Sohni patschnass wie der Blitz nach Hause, ich hinterher. So schnell rennen wie er konnte ich nicht, aber ich habe ihm hinterher gedroht: »Du kannst was erleben, du kannst was erleben.« Ich wünschte ihm eine Tracht Prügel. Aber Mutti wusste nicht, wie ungezogen ihr Sohni gewesen war, und steckte ihn einfach ins Bett. Als ich ankam, lag der schon unter Decken und Mutti füllte leere Flaschen mit heißem Wasser.

Ich klärte sie sofort auf, aber sie meinte nur: »Es ist ja nichts passiert.«
Reichte das denn nicht? Sohni neigte zeitlebens zu Unfällen, schlug
sich die Kniescheibe ein, eine Zahnecke musste mit Gold gerettet werden, er stürzte mehrmals mit dem Fahrrad, fuhr heimlich mit Papas
Auto in den Straßengraben und dann wurde er auch noch vorzeitig
für volljährig erklärt. Er konnte nie warten. Aber auch wenn ich mich
aufregte, tatsächlich hielten mein Bruder und ich zusammen wie Pech
und Schwefel, wir waren wie Zwillinge.

Schulzeit

Der erste Schultag im Frühjahr 1948 war endlich da. Wir saßen in den unbequemen Holzbänken, bekamen alle ein Blatt Papier und einen Bleistift und sollten malen. Die Mädchen saßen rechts, die Jungen links, es herrschte Geschlechtertrennung. Sohni konnte so nicht auf mich aufpassen, wobei, vielleicht sollte ich besser sagen, dass ich nicht auf ihn aufpassen konnte. Alles, was ich bei den Schwestern gelernt hatte, wollte ich zu Papier bringen. Ich konnte schon ein paar Buchstaben und Zahlen und bis zehn zählen. Darauf war ich stolz. Aber als ich sah, dass einige andere Mädchen nur Kritzeleien machten, bekam ich Angst, dass ich etwas falsch verstanden hatte, und machte auch nur Kritzeleien. Ich hatte mich von anderen beeinflussen lassen, das durfte nie wieder vorkommen. Wir wurden verabschiedet und durften morgen wiederkommen. Ich freute mich. Ob Sohni sich auch freute, weiß ich nicht. Aber über die bunte Schultüte, die Mutti für uns gebastelt hatte, freute er sich sehr.

Es gab nur wenige Kinder, die eine Schultasche hatten, der damals Ranzen hieß. Wir hatten einen Ranzen, der durfte aber nicht nass werden. In besseren Zeiten erzählte Mutti, wie sie daran gekommen war. Sie hatte die Bücher, die sie bei Opa Ferdi mitnehmen durfte, gesammelt und dann mit Opa Josef in eine Papierfabrik gebracht. Dafür bekam sie zwei Pappranzen. Aber vorher hatte sie die Bücher natürlich gelesen. Viele Kinder kamen aber nur mit einem selbst genähten Stoffbeutel und einem Henkelmann, das war so etwas wie ein Kochgeschirr für die Schulspeisung. Manche Kinder brachten auch nur eine Konservendose mit einem Henkel aus Draht mit. Viele Kinder waren traumatisiert, hatten ihre ganze Familie verloren, lebten in Heimen oder Familien, die ihre Eltern aus besseren Zeiten kannten, oder bei Menschen, die sie auf der Flucht kennengelernt und bei denen sie Zuflucht gefunden hatten. Da hatten Sohni und ich noch Glück gehabt.

Unser erster Schultag, Einschulung 1948

Die Siegermächte zeigten Herz. Internationale Organisationen stellten Hilfspakete zusammen, um die Not ein wenig zu mildern, den Kindern eine warme Mahlzeit, meist eine Suppe, zu garantieren. Manchmal gab es auch Care-Pakete, die wir Kinder mit nach Hause nehmen konnten, sie lieferten Nährstoffe und Vitamine, aber es gab auch Schokolade. Irgendwie hat Mutti es sogar geschafft, für mich Lebertran zu ergattern. Ich mochte dieses Zeug nicht, aber ich habe es brav geschluckt. Ich sollte ja zunehmen, gesund, groß und stark werden. Das blieb jedoch ein frommer Wunsch. Zugenommen habe ich erst in späteren Jahren und dann achtete ich streng darauf, das Gewicht zu halten.

Die Lehrkräfte von damals hätten einen Orden verdient, jedenfalls die, die nie in der Partei waren. Die anderen durften sowieso nicht unterrichten. Es wurden zwei Klassen zusammengelegt, das erste mit dem zweiten Schuljahr, das dritte mit dem vierten Schuljahr. Wir hatten morgens und nachmittags Unterricht. Der Unterricht fing grundsätzlich mit einem Gebet an. Die Lehrer gaben ihr Bestes, aber Kriegskinder sind oft schwierig, besonders wenn sie keinen Vater mehr haben. Zu viele Schulen waren so beschädigt, dass kein Unterricht stattfinden konnte. Überall lagen Trümmer. Der Schulweg war beschwerlich, bei Wind und Regen mussten wir eine halbe Stunde zu Fuß durch den Wald laufen. Es war eine schlimme Zeit. Aber ich bin gerne zur Schule gegangen.

Die weiblichen Lehrkräfte hießen »Fräulein«. Ein »Fräulein« war grundsätzlich nie verheiratet. Sie war eben mit der Schule verheiratet. Das war ein Gesetz der Reichsverordnung. Selbst wenn eine Lehrerin schon alt war, war sie immer noch ein Fräulein. Das Zölibat für Fräuleins wurde erst in den 50er-Jahren abgeschafft. Heute gibt es kein Fräulein mehr, an Schulen auch nicht, und ein Mädchen, das volljährig wird, ist automatisch eine Frau. Benehmen tun die sich aber nicht immer so. Sie haben in jeder Hinsicht Männerdomänen erobert mit allem, was dazugehört. Sie sind burschikos, rauchen in der Öffentlichkeit, trinken aus der Bierflasche, sind derb, artikulieren sich auf plumpe, laute Art und tragen Männerkleidung. »Den Männern gefällt das so nicht immer, darum sehen die sich anderweitig um«, hat Papa später einmal gesagt. Was würde er wohl heute zu den Frauen mit Tattoos sagen?

Ich habe nie gelauscht, aber manchmal habe ich gehört, was die Erwachsenen geredet haben, aber ich habe nicht immer alles verstanden. »Bei denen hat die Frau die Hosen an«, haben sie zum Beispiel gesagt. Ich habe dann gefragt: »Hosen haben wir doch alle an, oder?«

Und die Antwort lautete: »Das verstehst du nicht, Ella, frag nicht so viel.«

Das schönste Geburtstagsgeschenk

Am Donnerstag, dem 27. Mai 1948, waren wir aus der Schule zurück und saßen gerade am Tisch und bemühten uns, brav die Schrotsuppe aufzuessen. Mutti hatte sich wirklich alle Mühe gegeben. Zur Belohnung sollten wir als Nachtisch noch eine Scheibe Brot mit Margarine (die wie Butter aussah, aber nicht so schmeckte) und Zuckerstreuseln bekommen. Sohni schlief ständig ein. Ob er sich in der Schule verausgabt hatte oder einfach die Suppe nicht mochte, weiß ich nicht. Aber ich erinnere mich, dass Mutti, die uns gegenübersaß, neben sich einen Kochlöffel liegen hatte, mit dem sie ab und zu Sohnis Arm anstupste oder auf den Tisch klopfte. »Und ihr macht den Teller leer«, sagte sie streng. Plötzlich ging die Tür auf und ein uns unbekannter Mann stand da in einem ärmlichen, verdreckten Mantel. Wir sahen beide auf und hatten wohl ein Fragezeichen im Gesicht, aber Mutti drehte sich um und rief: »WILLI!« Dann sprang sie auf und fiel diesem Mann doch tatsächlich um den Hals. Wer war das? Das wollte ich unbedingt wissen. Schließlich kam der Mann auch noch auf uns Kinder zu und umarmte uns beide gleichzeitig. Ich sah zum Bild im Rahmen auf dem Küchenschrank, aber eine Ähnlichkeit konnte ich nicht feststellen. Doch Mutti sagte, das sei der Papa. Dann würde es ja wohl stimmen, sie kannte ihn schließlich.

Vater war mit einem Gefangenentransport aus Russland gekommen, er war früh entlassen worden. Aus der ganzen Nachbarschaft kamen Menschen, um zu gratulieren. »Da haben Sie aber viel Glück gehabt«, sagten die Leute. Ja, er hatte Glück gehabt, dass er entlassen worden war, aber zuerst hatte er ja wohl mal Pech gehabt, überhaupt dorthin gekommen zu sein. So nahe sind sich manchmal Pech und Glück, sie sind wie Geschwister. Welche Reihenfolge ist die bessere? Opa Josef strahlte, sein Schwiegersohn war zurück. Kaffee und Kuchen gab es nicht, nur Freude und Lachen. Und im Volksempfänger erklang »Ein Lied geht um die Welt«. An diesem 27. Mai wurde Mutti 30 Jahre alt. Es war ein Geburtstag der besonderen Art. Da Vater sich nach der Ankunft im Lager Friedland nicht hatte registrieren, medizinisch untersuchen und entlausen lassen, bekam er keine Entlassungspapiere. Er hatte nur an ein Datum gedacht, nämlich den Geburtstag von Mutti, seiner Ehefrau. Die Überraschung war ihm gelungen.

Ein neues Problem tauchte auf, nicht nur wegen der Lebensmittelmarken. Er musste rekonstruieren, wo er herkam. Jetzt war es gut, dass er Feldpostkarten geschrieben und Mutti alle mit einer Schleife zusammengebunden und in Ehren gehalten hatte. Er bekam Ersatzpapiere und Lebensmittelmarken. Und dann musste er sich erst einmal erholen. In unserer Baracke wurde es noch enger und zwei Erwachsene in einem normalen Bett war besonders eng. Manchmal schliefen Mutti und ich zusammen und Sohni schlief bei Papa. Das ging besser, denn wir Kinder brauchten weniger Platz. Aber was sollten wir machen? Wir hatten ja nur zwei normale Betten.

Es gab viel zu erzählen, auf beiden Seiten. Wie habt ihr die Jahre überstanden? Was ist alles passiert? Wie geht es der Familie in Westfalen? Mutti gab ein Telegramm auf, das konnte sie gut. Da kein Telefon zur Verfügung stand, wurden immer Telegramme ins Westfälische geschickt. Tante Emma kam bald persönlich für ein paar Tage und schlief bei Nachbarn. Von ihrem Mann Franz gab es keine Nachricht; das Rote Kreuz suchte nach ihm, aber bisher vergeblich.

Telegrafieren war die einzige Möglichkeit, eine Nachricht schnell zu befördern. Telefon hatten nur wenige. Doch in der Nähe unseres Barackenviertels gab es einen kleinen Lebensmittelladen, dort gab es ein Telefon. Frau Enger, eine liebe und immer hilfsbereite Frau, hätte posthum einen Orden verdient. Wann immer ein Arzt gerufen werden musste, und das war bei uns sehr oft, stand Frau Enger selbst in der Nacht auf und stellte ihr Telefon zur Verfügung. Sie half auch sonst jedem, wann immer sie konnte, viele ließen bei ihr auch anschreiben. Zur Kommunion schickte sie für die Feier Konfekt, sie hatte uns nicht vergessen.

Mutti erzählte, dass sie bei der katholischen Kirche um Hilfe gebeten hätte. Aber sie war mit den Worten abgewiesen worden: »Sie und die

Kinder sind zwar katholisch, aber der Vater ist evangelisch, gehen Sie zur evangelischen Gemeinde, wir können nichts für Sie tun.« Bei der evangelischen Gemeinde war es nicht anders, nur dass sie da an die katholische Gemeinde verwiesen wurde.

Vater sagte schließlich: »Das reicht, ich melde uns alle in der jüdischen Gemeinde an.« Es gab aber keine jüdische Gemeinde mehr, die hatte man »abgeschafft«, die Synagogen abgebrannt. Wir sind also geblieben, was wir waren: eine christliche Mischfamilie mit jüdischen Wurzeln und mosaischen Grundsätzen. Traditionen haben starke Wurzeln, an Weihnachten gingen wir wieder in die Kirche. Das Wort Ethik kannten wir noch nicht.

Und dann das erste Weihnachtsfest zusammen mit Papa! Im Herbst verfärbte sich der Himmel manchmal rosa und wir Kinder schauten dann andächtig nach oben und dachten, dass das Christkind gerade backt. Ja, wir freuten uns auf Weihnachten, den Tannenbaum, die leckeren selbst gebackenen Plätzchen, für die schon Wochen zuvor Mehl und Zutaten gespart, Nüsse gesammelt, Äpfel in Ringe geschnitten und getrocknet wurden, damit es später einen bunten Teller gab. Manchmal gab es ein neues Kleidungsstück, einen selbst gestrickten Pullover, selbst gestrickte Strümpfe, Handschuhe, Schal, Mütze und vielleicht sogar neue Schuhe. Spielzeug war nicht so wichtig und wenn, dann war auch das selbst gebastelt. Aber in diesem Jahr hatten schon einige Kaufhäuser die Schaufenster bunt geschmückt und Mutti zeigte mir ein Schaufenster mit Puppen und fragte mich beiläufig: »Welche würde dir gefallen?«

Und ich antwortete: »Ich finde die mit den langen Zöpfen schön, Zöpfe, wie Inga sie hat.«

Diese Puppe lag dann wie ein Wunder unter dem Tannenbaum. Das Christkind hatte mich überrascht. Meine erste richtige Puppe! Wir sprachen vom Christkind, nicht vom Weihnachtsmann, denn ein Kind lag in der Krippe. Nicht nur in dieser Hinsicht ist das Weihnachtfest von damals und heute nicht mehr zu vergleichen. Das ist schade.

Nachdem Vater sich etwas erholt hatte und die amtlichen Dinge geregelt waren, ging er auf Arbeitssuche. Arbeit gab es genug, aber Papa war gesundheitlich doch sehr angeschlagen. Er war kein Handwerker, sondern hatte eine kaufmännische Lehre gemacht, aber er hätte jede Arbeit angenommen. Schließlich hatte er tatsächlich Glück: Die belgische Besatzungsbehörde suchte einen Mann als ständige Begleitung für den Kommandanten mit guten französischen Sprachkenntnissen und Führerschein. Irgendwelche Schulzeugnisse und Dokumente gab es nicht mehr, doch er stellte sich so perfekt auf Französisch vor, dass er sofort eine Zusage bekam. Nachdem die ganze Familie hinsichtlich eventueller Parteizugehörigkeit durchleuchtet worden war und eidesstattliche Versicherungen über seinen Lebenslauf vorlagen, konnte er anfangen. Es war für die damalige Zeit eine gute Stelle, aber das Gehalt war nicht alles, Papa bekam auch Bezugsscheine und wir konnten im »magasin de marché« einkaufen. Da gab es Tabak, Kaffee, Kakao, Schokolade aus Belgisch-Kongo und Orangen, Lebensmittel, die in deutschen Geschäften noch nicht überall und nur sehr teuer zu haben waren. Viele freuten sich mit uns, andere wurden neidisch.

Vor den wie aus dem Dornröschenschlaf erwachten Geschäften, Fleischereien und Bäckereien mussten die Menschen Schlange stehen. Dabei wechselten sich einzelne Familienmitglieder ab.

Kommandant Boucher war auch passionierter Jäger und Papa begleitete ihn überallhin. Die Jagdbeute wurde geteilt und so hatten wir öfter Wild. Nur Papa hätte nie ein Tier schlachten können, noch nicht einmal ein Karnickel. Madame Boucher besuchte uns bald in der Baracke und war entsetzt. Mein Husten war nicht zu überhören. Ich sah jämmerlich aus, unterernährt und mit schwarzen Ringen unter den Augen. Bald arrangierte sie einen Arztbesuch und ich bekam Medikamente.

Papa fuhr für ein paar Tage nach Westfalen, seinen Vater und die Geschwister aufsuchen. Von Franz und Richard gab es immer noch kein Lebenszeichen, keine Postkarten. Emma und Martha hatten eine Stelle im Casino der britischen Militärverwaltung gefunden, sie waren also auch »politisch rein«. Die Kinder waren alle viel zu dünn und unterernährt, aber es ging ihnen gut. Kein Wunder, sie hatten wohl auch nur Magermilch und Leberwurst ohne Leber.

Rezept
Zwiebeln klein schneiden, rösten, gebratene Semmel oder Grieß mit Wasser anrühren und mit Majoran, Salz und Pfeffer würzen und köcheln lassen. Kalt stellen und auf Brot streichen.

Tante Emma half, wo sie konnte, es war ihre Berufung. Im Casino blieb viel übrig, die Engländer drückten ein Auge zu. Inga und ihre Schwester durften oft mit dem Handwagen vorbeikommen und bekamen dann Töpfe, die reichlich gefüllt waren mit Essen. Untendrunter versteckte Tante Emma auch gerne Kohlen. Der Zweck rechtfertigte die Mittel. Jeder musste sehen, dass er überlebte, dass die Kinder groß werden, dass es weiterging.

Im Westfälischen begannen kleinere Handwerksbetriebe mit der Fertigung von zweckmäßigen Möbeln, es entwickelte sich langsam eine Möbelindustrie. Als eine Schlafcouch angeboten wurde, war das für uns die Rettung. Jetzt hatten die Eltern ein großes Bett und auch Sohni und ich mussten uns das Bett nicht mehr teilen. Und als ich mal wieder Fieber hatte und nicht zur Schule konnte, durfte ich auf der neuen Coach liegen. Ich beschäftigte mich mit Schreiben, hatte sogar einen Füllhalter und dann passierte es – ein Tintenklecks auf dem Polster. Ich tat alles, um den Fleck verschwinden zu lassen, rieb, wusch, kratzte – und dann geschah das nächste Unglück: ein Loch! Ich fieberte noch mehr, das Loch kroch mir durch den ganzen Körper, es war beängstigend. Obwohl, Angst hatte ich nicht, aber ich habe mich zu Tode geschämt. Ausgerechnet mir immer sauberem und diszipliniertem Kind musste das passieren. Aber keiner hat geschimpft. »Das kann passieren, Kind«, sagten die Eltern nur. Wahrscheinlich haben sie gedacht, was bringt es zu schimpfen, wir werden sie nicht mehr lange bei uns haben. Mutti stopfte das Loch, aber es blieb zeitlebens ein Schandfleck. Später wurde die Schlafcouch unser Gästebett und stand in meinem Zimmer. Ich legte ein Sofakissen über das gestopfte Loch.

Meine kreativen Schreibereien hatte ich fein säuberlich in einem Heft gesammelt, leider gingen aber meine ersten Gedichte verloren.

Die ersten Flüchtlingswohnhäuser wurden gebaut. Wer einen Flücht-
lingsausweis hatte, war gut dran und bekam eine Neubauwohnung mit
Toilette im Haus. Wir hatten auch alles verloren, aber Flüchtlinge in
diesem Sinne waren wir nicht.

Der allgemeine Tagesablauf änderte sich nur allmählich. Die Menschen redeten über eine neue Regierungsbildung, sonntags gingen die
Leute wieder in die Kirche und zogen die besten Sachen an. Die Frauen
trugen Hüte, die Männer auch. Aber in der Kirche saßen sie auf getrenn-
ten Bänken. Nach dem Gottesdienst gingen die Männer gerne schnurstracks ins Gasthaus zum Frühschoppen, die Frauen in die Küche, das
Sonntagsessen zubereiten und den Tisch decken. Auf den Tischen lagen
wieder weiße, gestärkte Tischtücher und Stoffservietten. Da es keine
Kühlschränke gab, stand draußen auf der Fensterbank der Nachtisch
zum Abkühlen – Vanillepudding, Schokoladenpudding mit Eischnee-
häubchen oder auch eingewecktes Obst. Viele Frauen träumten von
einem Staubsauger und einer Waschmaschine. Diese Wünsche haben
sich dann bald entschieden geändert. Heute gibt es Desserts in allen
Variationen aus aller Herren Länder zu kaufen.

Ich war mittlerweile acht Jahre alt, ging ein Jahr in die Schule und
wurde in die 2. Klasse versetzt. Den ersten Schultag in der 2. Klasse
konnte ich schon nicht mehr wahrnehmen, Sohni musste alleine gehen.
Ende März 1949 sollte ich ins Krankenhaus in Düsseldorf zur Beobach-
tung. »Du brauchst keine Angst zu haben, die Ärzte wollen dich nur
untersuchen, um zu sehen, warum du immer so viel hustest und Fieber
hast«, erklärte Mutti.

»Ich habe keine Angst«, sagte ich. Das stimmte sogar. Einfach nur
abwarten, das hatte ich gelernt. Die Klinikverwaltung hatte die Eltern
unterrichtet, dass ein Operationstermin angedacht war.

Im Krankenhaus waren alle sehr lieb zu mir. Ich war geduldig und
freute mich über jeden Besuch, dann wollte ich Mutti all das mitgeben,
was ich für Sohni zum Geburtstag gesammelt hatte – Kekse, Bonbons,
einen Apfel, alles, was ich selbst von anderen Patienten, Besuchern,
Schwestern und Ärzten geschenkt bekommen hatte. Mutti sagte, sie

würde über Nacht bleiben, weil ich am Freitag, den 29. April, operiert werden würde. Ich wandte ein: »Aber dann hat Sohni doch Geburtstag, ich habe hier doch etwas für Sohni, er ist doch mein Bruder.«

»Das nehme ich dann anschließend mit und ich kann ihm auch sagen, dass du wieder gesund wirst«, sagte meine Mutter.

Damit war ich zufrieden. Den Termin absagen konnte ich als Kind sowieso nicht. Meine Haare wurden wieder einmal kurz geschnitten, die Ohrhänger mit hellblauen Aquamarinsteinen von Oma Ella wurden herausgenommen, die sollte ich aber bestimmt wiederbekommen. Dann bekam ich eine Spritze. Essen und trinken durfte ich danach nicht mehr, dabei sollte ich doch zunehmen. Am nächsten Morgen wurde ich für die Narkose mit Äther vorbereitet. Wer je eine Äthernarkose bekommen hat, weiß, wie sich das anfühlt: Es ist, als ob einem jemand mit dem Hammer auf den Kopf schlägt. Dabei sollte ich dann auch noch zählen. Ich konnte gut zählen. Dann war ich für sechs Stunden wie tot. Mutti erzählte mir später, sie sei stundenlang in Düsseldorf durch die Straßen gelaufen, auf der Kö war sie da bestimmt nicht.

Als ich wieder wach wurde, lag ich in einem kleinen Zimmer mit allerhand Geräten und Lampen und war an Schläuchen angeschlossen. Eine Krankenschwester saß ständig neben meinem Bett. Dann ging die Tür auf, eine Ärztemannschaft verteilte sich um mein Bett. Ein Arzt, den ich an seinem weißen Kittel erkannte und der eine runde Brille trug, sagte: »Guten Tag, wie geht es dir?« Ich sagte, es ginge mir gut. »Möchtest du etwas essen?«, fragte er dann und ich bejahte. »Was möchtest du denn essen?«, fragte er weiter und ich sagte, ich hätte gern Schwarzbrot mit Quark. Der Arzt lachte und schlug die Hände über dem Kopf zusammen, dann sagte er: »Prima, Schwester, bitte Schwarzbrot mit Quark und eine gute Tasse Kaffee für die junge Dame.« Alle lachten und verließen das Zimmer.

Mutti freute sich. »Das war Professor Sauerbruch, er hat dich operiert«, erzählte sie.

»Aber warum soll ich Kaffee trinken?«, wunderte ich mich.

»Dein Kreislauf soll angeregt werden«, erklärte die Schwester.

»Was ist Kreislauf?«, fragte ich. »Ein Kreis ist rund und ...« Da ging die Tür auf und mein Frühstück kam. Meine Frage wurde an dem Tag nicht beantwortet. Die Ohrhänger mit Aquamarinsteinen bekam ich tatsächlich zurück. Ich habe sie immer in Ehren gehalten, bis ich sie 30 Jahre später weitervererbt habe an meine Tochter, von der ich damals noch nichts ahnte. Aber vergessen wir das, es macht mich traurig. Omas Ohrhänger habe ich nie mehr gesehen, nur auf Fotos sind sie noch Realität.

Später erfuhr ich, dass Professor Sauerbruch von der Berliner Charité ein sehr berühmter Chirurg war, der nach dem Krieg in verschiedenen Universitätslehranstalten, so auch an der Medizinischen Akademie Düsseldorf, seine Operationsmethode am offenen Brustkorb in einer Unterdruckkammer vorstellte und sein Wissen an jüngere Ärzte weitergab. Professor Sauerbruch starb im Juli 1951, bei meiner Operation zusammen mit Professor Derra war er schon 74 Jahre alt. Wer arbeitet heute noch mit 74 Jahren? Professor Sauerbruchs politische Haltung in der NS-Zeit wurde infrage gestellt und manche nannten ihn »Halbgott in Weiß«. Er hieß auch Ferdinand, wie mein Opa, aber das konnte ich ihm nie sagen.

Mutti erzählte mir einmal, dass meine Operation damals von der Krankenkasse nicht ganz übernommen wurde, weil wenig Aussicht auf Erfolg bestanden hätte. Sie sollten eine Anzahlung leisten, hatten das Geld aber nicht. Opa hat es irgendwie aufgebracht. Sie konnten es ihm nie zurückzahlen, denn er starb neun Monate später. Aber er hatte noch miterleben dürfen, dass ein neues Grundgesetz verabschiedet wurde. Deutschland hatte wieder eine Regierung und alles sollte anders werden. Und bald sollte das Wirtschaftswunder alle überraschen. Ja, es wurde alles anders, die Deutschen zeigten, was sie konnten. Es entstanden unter anderem viele neue Gesetze zum Wohle der Menschheit. Gesetze, an die niemand zuvor auch nur im Traum jemals gedacht hätte. Die neue Regierung dachte an alles: Autofahrer, Tiere, Umweltschutz, Taschengeldanspruch, Kindergeld, Urlaubsanspruch, Behinderte und Diskriminierung. Nur für mich kamen die Gesetze zu spät, meine Kindheit und Schulzeit konnte ich nicht zurückholen.

»Was hat der Professor denn eigentlich gemacht?«, fragte ich.

»Du hast nach den Masern Keuchhusten bekommen und durch den Husten einen Lungenriss. Dort hat sich dann ein Abszess mit Eiteransammlung gebildet, der immer größer wurde. Darum hast du auch immer so hohes Fieber gehabt. Der linke Lungenflügel wurde bei der Operation entfernt. Wenn alles verheilt ist, kannst du wieder nach Hause«, erklärte meine Mutter.

»Ja, und zur Schule«, sagte ich hoffnungsvoll. Aber ich musste noch viel Geduld aufbringen und blieb mehr als drei Monate der Schule fern. Dann kamen die Sommerferien.

Sonntags und mittwochs war im Krankenhaus Besuchszeit, meine Eltern wechselten sich ab. Die Fahrkarte mit dem Zug war teuer. Einmal kam Mutti und brachte zwei Bananen mit, die Madame Boucher uns geschenkt hatte. »Was meinst du, was das ist?«, fragte sie.

Ich überlegte. »So wie das aussieht, ist das entweder eine Gurke oder Leberwurst«, antwortete ich.

Mutti lachte. »Nein, das sind Bananen, die sind sehr gesund und die hast du auch schon mal als kleines Kind gegessen. Aber daran kannst du dich bestimmt nicht mehr erinnern«, sagte sie. Da hatte sie recht. Ich aß also eine Banane und sie schmeckte gut. Die zweite Banane legt sie auf das Tischchen. »Die isst du dann morgen«, sagte sie.

Aber ich widersprach: »Nein, die ist für Sohni.«

»Sohni hat auch Bananen bekommen, diese sind ganz allein für dich, damit du bald wieder gesund wirst«, entgegnete meine Mutter.

Die gute Madame Boucher, das war nett von ihr. Wenn ich wieder zu Hause wäre, würde ich mich bei ihr bedanken, dachte ich. Madame Boucher war eine liebe, mütterliche Frau, ich mochte sie sehr und habe sie oft besucht. Die Familie wohnte in einem schönen Einfamilienhaus, das damals von der Militärverwaltung beschlagnahmt worden war. Es stand genau gegenüber dem Friedhof. Wenn ich später daran vorbeikam, habe ich immer an Madame Boucher gedacht.

Kurz vor den Sommerferien durfte ich nach Hause und damit zurück in unsere Baracke. Bei irgendeiner karitativen Organisation hatten die Eltern für das kranke Kind sechs Wochen Luftveränderung in der Hausberger Schweiz genehmigt bekommen. »In die Schweiz, das ist ja wunderbar, die gute Luft«, sagten die Eltern. Aber dann war die Hausberger Schweiz nicht in der Schweiz, sondern im Westfälischen und im Weserbergland. Wie konnten die sich nur so irren? Aber Tante Emma irrte sich nicht, sie kannte den Weg. Gleich am nächsten Tag wurde sie vorstellig und wollte sehen, wo ich schlafen würde. Das Bett sagte ihr nicht zu und das Kopfkissen erst recht nicht. Es gab aber kein anderes. Sie war der Meinung, dass ein Kind nach einer solch komplizierten Operation ein weiches, großes Federkissen bräuchte, sonst hätte es doch nur Schmerzen. Ich hatte aber keine Schmerzen. Doch Tante Emma wäre nicht Tante Emma gewesen, hätte sie keine Lösung gefunden. Die Lösung kam am nächsten Tag mit dem Fahrrad. Es war Fritze, mein Cousin. Mit dem Fahrrad war er fast eine Stunde gefahren, um mir das Kissen zu bringen, ein Paradekissen mit richtigen Daunenfedern. Jeden Samstagmorgen kam er wieder mit dem Rad und holte mich ab. Dann fuhren wir zusammen mit der Bahn in die Stadt und ich verbrachte den Samstag und Sonntag bei Großvater Ferdi. Sonntags brachte er mich auf demselben Wege wieder zurück in die Erholungsanstalt zur Luftveränderung und nahm sein Rad danach wieder mit. Das war ein Cousin, das gibt es heute nicht mehr. Großvater freute sich sehr und konnte gar nicht glauben, dass ich noch lebe. Er hatte wohl mit dem Schlimmsten gerechnet. Ich weiß nicht, ob ich damals schon diesen Spruch kannte: »Unkraut vergeht nicht.« Es sollte der letzte Besuch bei Opa sein, im folgenden Jahr verstarb er mit 86 Jahren. Ach, wäre er doch hundert geworden! Opa war für mich der Patriarch.

Nach den Ferien, die Schule fing wieder an, musste ich einiges aufholen, die anderen waren mir voraus. In den Sommermonaten ging es mir einigermaßen gut, aber als die nasskalten Tage anfingen, hatte ich öfter Erkältungen, Husten und Fieber und musste zu Hause bleiben. Am Unterricht konnte ich nur zeitweise teilnehmen. Ich wurde zwar immer gelobt und mit Fleißkärtchen beschenkt, aber vieles ging an mir vorbei. Für mich war der Kampf ums Überleben noch lange nicht vorbei. In die 3. Klasse versetzt wurde ich nicht, man gab mir einfach keine Gelegenheit. Auf dem Zeugnis, und nicht nur auf diesem, stand: »Die Schülerin hat wegen Krankheit so und so viele Wochen gefehlt.« Sie sagten nicht, dass ich dumm oder faul wäre, nein, nur dass ich gefehlt hätte. Alle fanden das traurig. Ich musste die 2. Klasse wiederholen. Jetzt war mein jüngerer Bruder Sohni sogar eine Klasse über mir.

Aber man lernt nicht nur in der Schule, überall ist Schule. Auf Schritt und Tritt gab es etwas zu entdecken, zu sehen, zu hören, zu begreifen. Ich hörte den Leuten zu, wunderte mich zwar oft, auch über Redensarten wie: »Der hat sich wieder vollaufen lassen.« Wie geht das denn?

Wir lebten weiter in einer Baracke und die Nachbarn halfen sich gegenseitig, nur später meinte Mutti oft: »Das Milieu hier ist nicht zum Aushalten, wir müssen hier weg, so kann man keine Kinder anständig großziehen. Wie soll Ella da gesund werden?«

Wir besuchten oft Verwandte von Mutters Seite, sie wohnten in einem richtigen Steinhaus. Tante Gertrud war bescheiden und sparsam, bekannt dafür, dass sie gerne Kaffee trank, und hatte zum Geburtstag eingeladen. Es gab große Bleche mit Streusel- und Apfelkuchen und Torten, alles selbst gemacht. Die ganze Familie traf sich. Opa Josefs Familie war auch eine Großfamilie, genau wie die westfälische. Papa brachte afrikanischen Kaffee mit und Mutti Blumen aus dem Garten. Alle Gäste freuten sich, wieder zusammen zu sein. Ich erinnere mich, dass Papa seine Tasse auf einen Stuhl stellte und Tante Gertrud sagte: »Warum stellst du denn die Tasse auf den Stuhl?«

Und er sagte: »Ach, weißt du, der Kaffee schmeckt wirklich gut, aber er ist so schwach, da musste ich ihm meinen Platz anbieten.«

Dafür bekam er einen Puff von Mutti in die Rippen, aber alle lachten laut los. »Du und deine Späße!«, rief Mutti.

Ja, Papa hatte viel Humor und so manche Einfälle, wenn er eingeladen war, immer passierte irgendetwas Lustiges. Er war aber auch ein perfekter Hausmann, konnte kochen und bügeln, was er aber plätten nannte. Meine Eltern machten alles zusammen, teilten sich die Aufgaben. Als Mutti später berufstätig war und deshalb manchmal wenig Zeit hatte oder wenn es ihr nicht gut ging, ging Papa allein einkaufen. Wenn die Leute sich dann wunderten und fragten: »Ihre Gattin ist doch nicht krank?«, antwortete er einfach: »Nein, nein, ich habe heute nur meinen Hausfrauentag.« Und wenn es ums Geld ging, sagte er immer: »Bei uns zu Hause ist meine Frau der Finanzminister.« Ja, er hatte immer eine passende Antwort.

Als Christine endlich ihren Friedrich von Hohenstetten heiraten konnte, sollte es ein großes Fest geben. Die zwei hatten lange gewartet und eine richtige Prüfung bestanden. Friedrich war evangelisch, Christine katholisch und diese Konstellation ging im Rheinland damals gar nicht. Bloß eine standesamtliche Trauung wollte Christine als gute Katholikin nicht, also musste Friedrich katholisch werden und beide mussten monatelang eine Brautschule besuchen. Endlich war es dann so weit. Das Fest fing mit einem Polterabend an. Und Papa hatte sich mal wieder einen Spaß ausgedacht: Er kaufte ein Töpfchen (es war also neu), schüttete abgestandenes Bier hinein, bestrich den Rand mit etwas Senf und legte dann noch ein paar Bröckchen Weißbrot hinein. Dann musste zur fortgeschrittenen Stunde jeder davon trinken. Die Stimmung war entsprechend. Ich sagte nichts und dachte nur noch: Wie die Großen sich benehmen, unglaublich.

Mutti meinte: »Du blamierst die ganze Familie.«

Und Papa sagte: »Das würde ich nie tun, meine Liebe, ohne Scherz, das würde ich mir nie erlauben.« Den Satz habe ich öfter gehört.

Die Hochzeit in der Kirche am nächsten Tag wurde ein großes Fest. Christine war ganz in Weiß und trug einen Schleier. Mutti trug ein fliederfarbenes Kleid. Die Farbe gefiel mir so sehr, dass Tante Emma noch Stoff besorgte und mir auch ein Kleid nähte. Die Männer kamen alle in elegantem Anzug und mein Opa Josef trug seinen Zylinder wie immer an Festtagen. So eine Hochzeit hatte man lange nicht gesehen.

Mein Zustand besserte sich nur langsam, ich hatte zwar die Operation überlebt, war aber anfällig, bei jedem schlechten Wetter fing ich mir was ein. Der Arzt sprach von Abhärtung. Es gelang, für mich ein Kinderheim mit Schule für ein Jahr auf Norderney genehmigt zu bekommen. Ich war zehn Jahre alt und sollte ein Jahr allein auf Norderney verbringen, ein Besuch der Eltern war nicht vorgesehen. Das Schuljahr fing damals nach Ostern an, also im Frühjahr und damit in einer oft nasskalten Jahreszeit. Ich kam Ende März nach Norderney. Zum ersten Mal sah ich das Meer, es war wunderschön. In den ersten Wochen lebte ich mich ein, in der Schule lief es ganz gut. Wir gingen regelmäßig ans Meer, sollten die gute Luft einatmen und uns abhärten. Dann haben sich einige Kinder erkältet, ich auch. Zunächst wurde ich dann noch auf einer Trage mitgenommen, dann musste ich im Zimmer und im Bett bleiben.

Meine Zeit auf Norderney, Strandleben

Den Sommer auf Norderney habe ich nicht erlebt, das heißt nur vom Bett aus mit Blick zum Fenster. Ich musste im Bett essen und selbst zur Toilette durfte ich nicht, ich musste klingeln und jemand brachte mir das Töpfchen. Als ich mich einmal wunderte, warum auf dem Dach gegenüber ein kleiner Baum in der Dachrinne immer hin und her

51

wippte, bin ich zum Fenster gegangen. Genau in dem Moment kam eine Schwester herein und hat mich böse ausgeschimpft: »Du bist das ungezogenste Kind überhaupt, das sage ich dem Direktor. Und dann noch auf nackten Füßen!«

Ich fragte mich still, warum sie mir die Schuhe weggenommen hatten. Und dann sah ich nur noch ihren wunderschönen Rock aus dunkelblauer Wolle mit feinen Stickereien von Mohn, Margeriten und Kornblumen. Es war wohl ihr Sonntagsrock und sie hatte Dienst, meinetwegen. Ich habe den Rock und das Wort »ungezogen« nie vergessen und viel darüber nachgedacht. Was hieß ungezogen? Nicht gezogen? Im Garten wurde Gemüse gezogen ..., was meinte sie? Wen hätte ich fragen können? Ich durfte nicht mehr raus, sollte nur noch liegen und als die Badesaison auf Norderney zu Ende ging, wurde ich in Begleitung einer Rote-Kreuz-Schwester auf einer Trage liegend mit Pferd und Wagen zum Hafen und dann aufs Schiff gebracht. Vom Schiff ging es in den Zug, im Zug saß ich in einem Extraabteil bis Wuppertal. In Wuppertal stand ein Auto, es sah aus wie ein Leichenwagen, meine Trage wurde hineingeschoben und ich wurde in ein Sanatorium gebracht. Während der ganzen Fahrt wusste ich nicht, wohin die Reise geht. Vielleicht wollte man mich aber auch überraschen mit einem Sanatorium. Sicher hätte ich gefragt: Was ist denn das? Und wo ist das?

Im Sanatorium, es lag in einem Wald, blieb ich einige Monate. Einmal im Monat war Besuchszeit, dann kamen die Eltern. Im Sanatorium lebte ich mit drei weiteren Mädchen in einem Zimmer, jede hatte ein Bett und einen Nachttisch. In der Mitte des Zimmers stand ein Tisch mit vier Stühlen für uns gemeinsam. Einen Kleiderschrank gab es nicht, unsere bescheidenen Kleidungsstücke waren in einem Spind in einer separaten Kammer und wurden wöchentlich zum Wechseln ausgeteilt. Da wir sowieso nur auf der Terrasse lagen, vor Wind und Regen geschützt, tagein, tagaus, brauchten wir kaum Kleider, wir lebten im Trainingsanzug. Nur Sport gab es nicht. Auch an einen Waldspaziergang kann ich mich nicht erinnern. Aber einmal in der Woche kam eine Märchentante und hat uns vorgelesen.

Der Tagesablauf war bestimmt von dem gemeinsamen Waschen in einem großen Waschraum, Frühstück einnehmen und dann ab auf die Terrasse. Dort wurden wir in Decken gewickelt, wie Mumien lagen wir da, streng auf dem Rücken bis zum Mittag. Nach dem Mittagessen ging es dann wieder auf die Terrasse bis eine Stunde vor dem Abendbrot. Radio, Bücher, Telefon oder sonstige Unterhaltung gab es nicht, noch nicht einmal einen Zeichenblock. Auch durften wir uns nicht unterhalten, wir sollten nur die gute Luft einatmen und wieder gesund werden. Mir fehlte die Schule und in Gedanken habe ich mir Worte vorgestellt und überlegt, wie ich sie schreiben muss. Ich habe Wortketten gebildet – wenn ein Apfel mit A anfängt und mit L aufhört, welches Wort mit L kann ich dann anhängen? Luft, das geht. Luft gab es genug, gute Luft. Ich war kreativ. Viele Gedanken gingen mir durch den Kopf. Ich bildete Reime, dachte mir Geschichten aus: »Eine Fee trinkt Tee am See.« Diese ersten schöpferischen Gedanken und meine kindlichen Erinnerungen an diese Zeit wurden in einem Heft niedergeschrieben, gingen aber leider trotzdem verloren. Und ich habe mit meinen Fingern unter der Decke gerechnet. Nach dem Abendbrot hatten wir noch eine Stunde »Freizeit«, was auch immer das war. Wir konnten noch Brettspiele spielen. Dann wurde das Licht ausgemacht und das wurde kontrolliert. Ich kannte nichts anderes, darum habe ich mich auch nicht gewundert, es musste ja so sein, wir sollten wieder gesund werden.

Zu Weihnachten durften meine Eltern auf Antrag meine Puppenstube mitbringen. Immerhin! Manchmal brachten sie auch die eine oder andere Schulfreundin mit und Sohni. Aber die Besuchszeit war immer schnell vorbei. Eines Tages überraschte mich mein Bruder mit einem Brief. Das habe ich ihm hoch angerechnet, denn Scheiben war nicht seine Leidenschaft. Ich freute mich sehr und war noch mehr verblüfft, als ich den Brief öffnete, denn er hatte auf Toilettenpapier geschrieben. Was wollte er mir damit sagen? Ich nahm mir vor, ihm beim nächsten Besuch den Brief vor aller Augen vor die Nase zu halten, damit er schauen konnte, ob es riecht. Das habe ich dann aber doch nicht getan;

wir waren ein Herz und eine Seele. Meinen Bruder blamieren? NEIN, dazu war ich zu feinfühlig.

Jedes Mädchen bekommt irgendwann die erste Blutung. Ich war überrascht und fragte mich, was denn jetzt passierte, ob ich noch mehr krank bin, und dann rannte ich zur Schwester. Die drückte mir zwei Binden in die Hand und meinte: »Die musst du regelmäßig wechseln und bevor du die schmutzige in den Korb hier wirfst, musst du sie der Schwester zeigen. Wir müssen sehen, wie viel Blut du verlierst. Du bekommst dann eine saubere Binde.« Ich bedankte mich und zögerte. Darauf sagte die Schwester: »Die Menstruation bekommst du jetzt jeden Monat, das ist nichts Schlimmes.« Aha, ich hatte wieder mal etwas gelernt. Also, keine neue Krankheit!

Und dann kam eines Tages Tante Emma zu Besuch, sie hatte eine Sondergenehmigung erwirkt. Ich freute mich riesig, sie war ja meine Lieblingstante. Sie erzählte von der Familie und von den Cousinen. Jette hatte beim alten Friedhof Fliederzweige abgeschnitten für ihre Mutter, Tante Erni, zum Muttertag. Als sie die Blüten ihrer Mutter freudestrahlend überreichte, warf Tante Erni sie schnurstracks über den Zaun und sagte: »Morgen holt dich der Tod. Die Sträucher sind für die Toten, das ist eine Sünde.« Jette weinte, und weil sie sehr abergläubisch war, hatte sie lange Zeit Angst, am Friedhof vorbeizugehen, selbst an der Hand ihres Vaters, Onkel Christian.

Ich erzählte: »Ich habe zum Muttertag immer die Nachbarn gefragt, ob ich Zweige abschneiden darf.« Um die Zeit blühten immer die Schneebälle und der Flieder sehr schön.

Tante Emma nickte. »Ja, so etwas macht man nicht, das hat Jette sich hinter die Ohren geschrieben«, sagte sie. Und ich stellte fest, das ich noch nicht wusste, wie man sich etwas hinter die Ohren schreibt.

Onkel Christian war ein lieber Onkel, immer zu Späßen aufgelegt. Freunde nannten ihn Krischan, aber zu Fremden sagte er oft: »Ich bin Graf Christian, wenn unser Vorfahr nicht der Lebemann gewesen wäre, der er war ...«

Onkel Karl hatte jetzt einen Hund, einen Schäferhund, da freuten sich alle und zankten, wer ihn an die Leine nehmen darf. Wir hatten auch mal einen Hund, einen schwarzen Königspudel, er hieß Blacky. Den hatten wir vom Kommandanten geschenkt bekommen und er verstand nur Französisch. Der Pudel, meine ich. Dann haben wir ihn umgeschult und die Befehle in zwei Sprachen gegeben. Er hat gut aufgepasst und verstand schließlich alles. Er war ein seltsamer Hund, legte sich im Sommer gerne unter Obstbäume und hat so lange geheult, bis er von den Früchten zu essen bekam. Besonders Sauerkirchen mochte er gerne. Im Sommer bin ich mit ihm zum Hundefriseur, das war teuer, deshalb konnten wir uns das nicht regelmäßig leisten. Aber ihm machte das gar nichts, er gefiel sich auch so, hatte immer einen stolzen Gang. Er war unser treuer Freund, hat nie etwas verraten.

Die drei Schwestern Hella, Hilli und Sieglind hatten wohl auf ihre Filzschuhe nicht aufgepasst und waren damit nach der Schule in Pfützen getreten. Der Filz war aufgeweicht und die Schuhe waren nicht mehr zu reparieren und andere hatten sie nicht. »Das war sehr ärgerlich, denn neue Schuhen sind teuer«, sagte Tante Emma.

»Das war aber ziemlich dumm, so klein sind die doch nicht mehr«, stellte ich fest. Ich selbst ging überhaupt nicht mehr raus, da waren für mich die Schuhe auch nicht mehr so wichtig, ich trug nur Hausschuhe.

»Du kannst doch schon schreiben, oder?«, fragte Tante Emma.

Ich sagte stolz: »Ja, aber hier haben wir keine Schule.«

»Ich habe dir etwas mitgebracht.« Tante Emma holte einen großen Block, viele Briefumschläge, einen Bleistift und Briefmarken aus der Tasche. »Schreib mir doch, immer wenn du Lust hast. Schreib auf, was du denkst, was du hier so machst, wie es dir geht.«

Glücklich nahm ich die Sachen entgegen. »Ja, das mache ich«, sagte ich.

»Die Briefmarke klebst du hier oben in die rechte Ecke und wenn du keine Briefmarken mehr hast, schreibst du einfach: Porto zahlt Empfänger. Ich löse das Porto dann ein. Meine Adresse schreibe ich dir hier auf den Block auf die erste Seite. Wir zwei korrespondieren dann miteinander«, fuhr Tante Emma fort. Sie sagte »korrespondieren«, das klang schöner als schreiben, war aber dasselbe. Ich habe viele Briefe an Tante Emma geschrieben, es wurde eine richtige Leidenschaft, meine Lieblingsbeschäftigung. Dann hatte sie noch zwei Illustrierte dabei, Zeitschriften wie die Quick, mit Mode, Filmstars, Basteleien und Kochrezepten. Eigentlich keine Zeitschriften für Kinder, aber sie wurden mein Fenster zur Welt. Solche Zeitschriften schickte sie mir dann regelmäßig. Die anderen Mädchen freuten sich auch darüber. Wir schwärmten für Sonja Ziemann und Rudolf Prack, ein Traumpaar. Ich war noch nie im Kino gewesen, aber wenn ich wieder gesund wäre, wollte Tante Emma mit mir zu Charlie Chaplin, der immer viel zu große Schuhe und eine Melone auf dem Kopf trug.

Als sie sich verabschiedete, versprach ich, fleißig zu schreiben. Aber Melone auf dem Kopf, wie sieht das denn aus? Ich habe oft und viel geschrieben, mein Versprechen gehalten. Oft wurden daraus auch Bettelbriefe, Mutti mochte das nicht. »Du kannst nicht immer Bettelbriefe an Tante Emma schreiben«, sagte sie streng. Den schlimmsten Bettelbrief habe ich wohl geschrieben, als ich schon wieder zu Hause in unserer Baracke war und mir ein Poesiealbum wünschte. Ich hatte das Poesiealbum in einer der Zeitschriften gesehen, die Tante Emma mir ab und zu schickte. Mein Wunsch war so stark, dass ich mich sofort hinsetzte und einen Brief schrieb. Mutti hatte mir zwei Groschen für die Briefmarke gegeben, die sollte ich selbst bei der Post holen, denn ich sollte ja etwas lernen. Die Post war aber weit von uns entfernt und so beschloss ich, die Groschen mit dem Brief zusammen an Tante Emma zu schicken. Mein Gedanke war: Wenn sie den Brief bekommt, muss sie zwar erst das Porto bezahlen, aber wenn sie ihn öffnet, bekommt sie die zwei Groschen zurück. Ich wollte keine Zeit verlieren und warf den Brief sofort in den Kasten. Der Postbeamte, der den Kasten leerte, ein sehr tüchtiger und aufmerksamer Postbeamter, bemerkte das Geld im Brief sofort und kam zu uns nach Hause. »Liebe Frau, Ihre Tochter hat wieder einen Brief an ihre Tante geschrieben und das Geld in den Umschlag gelegt, das geht doch nicht«, sagte er. Der Mann kannte mich wohl ganz genau.

Mutti sah mich an, nahm den Brief, öffnete ihn und las. »Was ist denn ein Posialbum?«, fragte sie dann.

Ich versank vor Scham im Boden – jetzt hatte ich auch noch einen Schreibfehler gemacht, Posialbum und nicht Poesiealbum hatte ich geschrieben.

Meine Mutter wiegte den Kopf hin und her und sagte schließlich: »Den schreiben wir aber neu.«

Ich nickte, ich wünschte mir so sehr ein Poesiealbum in kirschrotem Leder. Tante Emma hat es möglich gemacht, sie kannte ja auch die Zeitschrift. Und dann ihr Spruch von Johann Wolfgang von Goethe, halb in Sütterlin, halb modern geschrieben: »*Man sollte alle Tage wenigstens ein kleines Lied hören, ein gutes Gedicht lesen, ein treffliches Gemälde sehen und, wenn es möglich zu machen wäre, ein vernünftiges Wort sprechen.*«

Dieser Spruch hat mich nie mehr losgelassen, das war meine Welt. Meine Cousine Jette meinte oft: »Was redest du so vornehm?« Aber Goethe hatte recht.

Und Mutti schrieb in mein Poesiealbum: »*Schläft ein Lied in allen Dingen, die da träumen fort und fort, Und die Welt hebt an zu singen, Triffst du nur das Zauberwort.*« Von Josef von Eichendoff.

Konnte es etwas Schöneres geben? Poesie war Musik in meinen Ohren und ist Musik für mich auch heute noch!

Ein Glück, dass der Postmann das Geld im Brief gespürt hatte und ihn zurückbrachte, sonst wäre der Schreibfehler nicht aufgefallen und ich hätte mich noch mehr geschämt. Meine Tante legte großen Wert auf Korrektheit. Einmal sagte sie zu mir: »Wenn du etwas machst, dann mach es richtig. Es ist ein Unterschied, ob ich sage ›der gefangene Floh‹ oder ›der Gefangene floh‹. Oder was meinst du?«

Ich dachte angestrengt nach. »Dass Flöhe fliehen, liegt in ihrer Natur, aber wie hat man ihn überhaupt fangen können?«, antwortete ich schließlich.

Und Tante Emma winkte ab. »Ach, das ist wohl doch noch ein wenig zu früh für dich«, stellte sie fest.

In der Schule hatte ich einmal beim Diktat ein Problem mit dem

Wort Sauerstoffflasche. Ich hörte eindeutig drei ›F‹, dachte aber, drei gleichlautende Konsonanten kann man nicht nebeneinander setzen. Also schrieb ich: Sauerstoff-Flasche. Es wurde mir als Fehler angekreidet. Ich hatte drei ›F‹ gehört und war mir sicher, dass es so richtig ist. Heute wäre es das gewesen, damals war es das nicht. Ich war meiner Zeit wohl voraus.

Was ist richtig, was ist falsch? Es gibt immer zwei Seiten, es ist wie ein Paar. Ja und Nein stehen sich gegenüber. Sagt man zuerst Ja und dann Nein oder andersherum? Oder Geben und Nehmen und Kommen und Gehen. Die Zahl zwei ist wichtig, sie soll harmonisch sein, nur die Reihenfolge ist noch nicht geklärt. Ich muss sofort aufhören zu denken, Mutti würde sicher wieder sagen: »Ella, du bist extrem.«

Emma, unsere Tante,
war meine Gouvernante,
bestimmte mein Leben schon als Kind,
ich folgte ihr blind.
Hilfsbereitschaft, Freundlichkeit,
war eine Selbstverständlichkeit.
Meine Erziehung lag ihr am Herzen,
damit war nicht zu scherzen.
Nimm dein Buch, Papier und Stift,
leserlich sei deine Schrift,
schreib mir alles, schweig nicht länger,
das Porto zahlt für dich Empfänger.
So schrieb ich ihr jahrein, jahraus,
viele Briefe gingen ein und raus.
Ich wurde groß, sie wurde Engel und ging fort;
noch heute hab ich im Ohr ihr Wort:
Wenn du etwas machst, dann mach es richtig,
und das war für mich auch immer wichtig!

Als ich wieder zu Hause war, war ich ein Jahr nicht zur Schule gegangen. Die Schule gliederte mich versuchsweise in eine Klasse ein, da durfte ich dann auch bleiben. Grundsätzlich wurde ich aber vom Sport befreit, das war zu anstrengend. Während meiner Abwesenheit war die Familie umgezogen in eine Neubauwohnung. Vaters Chef hatte seine Beziehungen eingesetzt. Endlich eine Wohnung in einem richtigen Steinhaus mit Bad und Zentralheizung, Sohni und ich hatten jeder ein eigenes Zimmer, ich schlief zum ersten Mal allein. Das war wohl so ungewohnt, dass ich nachts oft wach wurde und davon überzeugt war, da stände jemand im Zimmer. Ich war davon so überzeugt, dass ich aufstand und zu Mutti ins Zimmer ging. »Mutti, komm mal, da ist jemand«, sagte ich.

Mutti stand auf, wir gingen ins Zimmer, aber da war keiner. »Kind, leg dich wieder hin, du träumst«, sagte sie.

Ich träumte nicht, aber da sie mir auch nach dem dritten Mal nicht glaubte, habe ich es eines Tages gelassen, sie aufzusuchen, und beim Frühstück auch nicht mehr darüber gesprochen.

Ein Jahr später bekam Mutti auch eine Arbeitsstelle, sie wurde berufstätig. Berufstätige Mütter sind heute eine Selbstverständlichkeit. Aber damals ohne die vielen elektrischen Haushaltsgeräte war es nicht einfach, alles unter einen Hut zu bringen. Aber Mutti konnte das, hatte sie ja lange genug gelernt. Staubsauger, Waschmaschine und Kühlschrank wurden außerdem nach und nach angeschafft. Früher war die Wäsche am Tag vorher eingeweicht, dann gekocht, geschrubbt und aufgehängt worden. Im Winter war sie innerhalb von Minuten steif gefroren. Dann wurde sie gebügelt, also das volle Programm. Supermärkte kannte man auch noch nicht, Tiefkühlkost schon gar nicht, das musste alles erst erfunden werden.

Mein Bruder war ein Jahr jünger als ich, aber eine Klasse weiter. Wir machten zu Hause zusammen Hausaufgaben, ich lernte von Sohni. Das hatte für mich den Vorteil, dass ich zwei Schuljahre gleichzeitig machte und Fehlendes nachholen konnte, und für meinen Bruder, dass seine Hausaufgaben und Schulsachen immer sauber und geordnet waren. Er liebte Bücher nicht so sehr.

Sein Schulfreund Heinz hatte mit dem Boxen angefangen und auch Sohni war davon begeistert. Mir gefiel das weniger, ich stellte mir meinen Bruder mit krummer Nase und eingeschlagenen Zähnen vor. Er blieb dem Boxsport auch nicht lange treu, eine Freundin reizte ihn wohl mehr. Sein Freund aber machte Karriere, wurde sogar zur Teilnahme an der Olympiade in Mexiko angemeldet, an der er aber aufgrund eines Unfalls nicht teilnehmen konnte. Als Senioren sind wir uns einmal begegnet und haben über alte Zeiten gesprochen und über die Veränderungen in der Welt.

Wir lebten im katholischen Rheinland, besuchten eine katholische Schule und wurden auf die erste heilige Kommunion vorbereitet. Dazu gehörte auch der Beichtunterricht. Was hat ein Kind zu beichten? Aber lernen muss es schon, dass es seine Seele von Schuld auch befreien kann. Sohni musste jedes Mal vor dem Unterricht gewaschen und sauber angezogen werden, wurde also fein gemacht. Ich brauchte das nicht, ich war immer fein. Sohni war, wie die Leute so sagten, ein Dreckspatz, ich nicht. Einmal gingen wir den Weg entlang zur Kirche, da blieb Sohni plötzlich stehen und sagt: »Ella, was sagst du jetzt?« Er meinte die Beichte.

Ich blieb auch stehen und sagte ziemlich wütend: »Nicht gewaschen, nie gekämmt, immer schmutzige Schuhe, du bist schon ungezogen genug.« Ich habe darum auch immer gebeichtet: »Ich war ungezogen«, weil ich dachte, ungezogen zu sein, passt immer, und der Herr Pastor hat mich nie gefragt, was ich denn Ungezogenes gemacht hätte. Da hatte ich Glück gehabt. Sohni hat mir nie verraten, was er gebeichtet hat. Vielleicht hat er aber einmal wenigstens gebeichtet, dass wir, er mit seinen Freunden, mich an der Hand, im Erdbeerfeld erwischt worden waren. Er und die Jungs waren weggerannt und ich, da ich keine Ahnung hatte, war verdroschen worden. Das habe ich nie vergessen, aber ich habe ihn trotzdem nicht verraten, wir waren ja ein Herz und eine Seele.

Aber bevor es so weit war mit der ersten heiligen Kommunion, musste Mutti bei der Kurie in Köln einen schriftlich Antrag stellen, dass ihre Tochter Ella aus gesundheitlichen Gründen vor der Kommunion etwas zu sich nehmen dürfe, denn »die fiel leicht um«. Kardinal Frings genehmigte dann, ebenfalls schriftlich, dass ich vor dem Gottesdienst eine Fleischbrühe zu mir nehmen dürfte. Die wussten also alle über mich Bescheid, »von Gottesgnade«. Wir ahnten damals noch nicht, dass es einmal eine Zeit geben würde, wo jeder isst, was und wann er will, und auch an der heiligen Kommunion teilnimmt, wann und wo er will, wenn überhaupt. Da hat sich die Kirche der neuen Zeit sehr angepasst.

Am Weißen Sonntag hatte ich ein weißes Kleid für den ersten Tag, eine kleine Seidentasche und ein Kränzchen sowie ein farbiges Kleid für den zweiten Tag, was später mein Sonntagskleid wurde. Die Unterwäsche hatte Tante Käthe gestrickt, »wegen der Kälte«, und mit hübschen zarten Seidenbändchen verziert. Sie konnte wirklich sehr gut stricken und die Wolle war fein, aber gestrickte Unterwäsche bleibt furchtbar! Sohni trug einen Anzug mit kurzer Hose und eine Kappe. In unserem Gebetbuch standen unsere Namen in Goldbuchstaben. Es sollte ein schönes Fest werden und die Eltern hatten lange dafür gespart. Tante Emma kam mit Onkel Fritz, Tante Rike mit ihrer kleinen Tochter Krimi, Muttis Verwandte kamen und Opa Josef, er trug an diesem Tag zum letzten Mal seinen Zylinder. Auch er verließ uns bald für immer. Wir bekamen viele schöne Geschenke und ich sogar eine Perlenkette. Die habe ich mein Leben lang gehütet. Mein Gebetbuch und meine Perlenkette gibt es heute noch.

Und dann hatten wir Glück. Mit der Unterstützung des Kommandanten bekam Mutti eine Stelle in einer Schule für die Kinder der Besatzungsmächte und damit ergab sich für uns eine Neubauwohnung mit Heizung und Badezimmer. Die Stelle war eigentlich für einen handwerklich begabten Mann vorgesehen, aber mithilfe von Beziehungen wurde das geändert. Es wurde ein Mann eingestellt für die Heizung, die Grünanlage und die Reparaturen, der auswärts wohnte, und Frauen für die Reinigung der Schulräume. Mutti hatte die Aufsicht, war zuständig für das Schulmaterial, die Verwaltung, kontaktierte die Drogisten für die Reinigungsmittel und den Milchlieferanten für die Schulmilch der Kinder. Es spielte sich alles ein. Als die einzelnen Kolonien in Afrika nach und nach in die Unabhängigkeit entlassen wurden und Botschaften in Bonn gründeten, wurden auch immer mehr afrikanische Kinder in der belgischen Schule aufgenommen. Die Kinder besuchten die Schule bis zur 6. Klasse, dann gingen die besonders guten Schüler ins Internat. Der Schulbesuch war kostenfrei, was besonders diesen Kindern zugute kam. Viele besuchten zum ersten Mal eine richtige Schule und es wurde ein Erweiterungsbau nötig. Mutti hatte diese Stelle bis zur Verrentung. Durch diese Jahre bin ich weltoffen erzogen worden und habe nie »gefremdelt«. Ganz anders reagierte später meine eigene Tochter. Bei einem Besuch in der belgischen Schule kam ein kleines Mädchen aus Afrika auf sie zu und reichte ihr die Hand. Sie zog ihre Hand abrupt zurück. Und meine Mutter fragte: »Warum hast du Marie Therese denn nicht die Hand gegeben, sie wollte doch mit dir spielen?«

Darauf meine Tochter: »Nein, die war ja schmutzig.«

Peinlich!

Das Leben in Deutschland wurde immer besser, die Schreckenszeit war vorbei, aber nicht vergessen. Unsere Wohnung war schön und wir bekamen sogar einen Phonoschrank – Radio und Plattenspieler in einem. Meine Eltern liebten die Tenöre und wenn »Dein ist mein ganzes Herz« erklang, sang Papa mit. Mutti meinte oft: »Das ist ein richtiger Ohrwurm.« Wurm im Ohr? Ob das wehtut? So fragte ich mich. Mutti schwärmte von Joseph Schmitt, Enrico Caruso, der viel zu früh gestorben war, und Beniamino Gigli. Und wenn das Lied »Mama« im Radio zu hören war, hatte Mutti Tränen in den Augen. Sie dachte dann wohl an ihre Mutter, unserer Oma Bertha.

Ich hörte gerne Radio, da gab es so viele interessante Dinge zu hören. Einmal wurde über Metaphern gesprochen und ich wusste nicht, was das ist. Als ich das dann wissen wollte, verdrehte Mutti schrecklich die Augen und ich dachte, es sei sicher etwas ganz Schlimmes und ging in mein Zimmer, es war wohl zu viel. Ich hatte den Rubikon überschritten. Zum Geburtstag bekam ich dann ein »Buch von A bis Z«. »Wenn du etwas nicht weißt, kannst du jetzt immer in diesem Buch nachsehen«, sagten meine Eltern.

Und da stand es: Metapher, Rubikon und noch vieles mehr. Da standen nur kluge Worte, kein einziges dummes. Nur Container und Computer standen da noch nicht drin, die waren noch nicht erfunden. Und darum wunderte ich mich später auch nicht, dass meine Mutter immer Konteiner und Komputter sagte, sie kannte diese Neuheiten ja nicht; ich hingegen war damit aufgewachsen.

Mein Vater erzählte oft von seinen Reisen vor dem Krieg in Afrika und Asien und ich wollte ganz genau wissen, wo diese Länder waren. Jetzt hatte ich ja dieses tolle Buch und ich konnte zumindest in Gedanken und mit dem Finger auf der Landkarte »reisen«. Das hat meine Geographiekenntnisse sehr verbessert. Beim Spiel »Land, Stadt, Fluss« war ich immer gut vorbereitet. Ich habe mir die Anfangsbuchstaben der Namen meiner Freundinnen und Freunde meines Bruders gemerkt und die Länder, Städte, Flüsse auswendig gelernt. Das war hinterlistig und ich hätte mich schämen sollen, habe ich aber nicht. Ich interessierte mich sehr für Bücher und wollte wissen, woher der Name »Bertha« kam, der Name meiner Uroma, Oma und Tante, und landete bei Bertha von Suttner. Das Buch »Die Waffen nieder« war für mich nicht altersgemäß, aber es führte mich zur Biografie von Henry Dunant, aus dessen Friedensarbeit – sowie aus seinem Buch »Die Schlacht von Solferino« – später das Rote Kreuz hervorging, eine Weltorganisation. »Tutti Fratelli« übersetzte mir mein Vater: Wir sind alle Brüder. Das gefiel mir, ja, so sollte es sein. Henry Dunant bekam 1901 den Friedensnobelpreis und Bertha von Suttner 1905.

Ich wäre gerne zum Roten Kreuz gegangen, um dort mitzuarbeiten. Über das Rote Kreuz hatte mein Vater aus dem Kriegsgefangenenlager in Sibirien Postkarten nach Hause senden können, ein Lebenszeichen. Zu den Diensten gehörte auch der Suchdienst, der Überlebende mit ihren Familien wieder zusammenbrachte, ebenso Aufklärungsdienste, wenn es um Vermisste und Tote ging.

Einige Schulfreundinnen wechselten zur höheren Schule, das wollte ich auch. Sie wollten später studieren, vielleicht Lehrerin werden, das wollte ich auch. Aber die Aufnahme wurde einer Schülerin wie mir verweigert, denn auf jedem Zeugnis stand: »Die Schülerin hat wegen Krankheit lange Zeit im Unterricht gefehlt.« Meine Eltern konnten erreichen, dass ich eine Prüfung machen durfte. Diese fiel gut aus, aber die Schulverwaltung war der Meinung, dass ich doch viele Defizite hätte, und man müsse auch mit weiteren Fehlzeiten rechnen. »Belasten Sie Ihre Tochter nicht, machen Sie Ihr das Leben nicht zu schwer, solange Sie noch da ist«, sagten sie. Taktloser konnten diese Experten gar nicht sein. Heute würde ich sagen, das war reine Diskriminierung, aber diesen Begriff kannte man damals noch nicht. Ich blieb also in der Volksschule. Zum Trost bekam ich einen Korallenring.

Ich ging regelmäßig zu den ärztlichen Kontrolluntersuchungen, der Arzt kannte mich gut. Es gab keine Auffälligkeiten, er war zufrieden. Und auffallend oft sagte er zu mir: »Du kannst alles, was andere auch können.« Ich dachte, der muss sich irren, das wüsste Mutti bestimmt.

Ich hatte die Altersgrenze erreicht und musste die Volksschule verlassen, eigentlich zwangsweise abgehen, das Schulabschlussziel der 8. Volksschulklasse hatte ich nicht erreicht, wie auch. Ich hatte wegen Krankheit oft gefehlt, hatte Defizite. Aber was hieß »Defizite« eigentlich? Dass meine Noten aufgrund der Fehlzeiten nicht alle ausreichend waren, die Zulassung zur höheren Schule gefährden könnten, aber nicht unbedingt so bleiben mussten. Mit gutem Willen und Nachhilfe ließe sich das ausgleichen, daran dachte aber niemand, warum auch. Eigentlich hatte nicht ich Defizite, in den Köpfen der Experten musste noch viel passieren.

Meinen Bruder hätten sie bestimmt sofort aufgenommen in der höheren Schule, er hatte keine Fehlzeiten, aber er wollte nicht. Sohni wollte zur Marine wie Onkel Richard, den wir eigentlich gar nicht kannten und von dem wir nie wieder etwas gehört hatten. Unsere Mutter bekam Panik. »Mein Sohn geht niemals zur Marine und wird auch niemals Soldat. Um Gottes willen«, sagte sie. Ja, sie hatte schlimme Zeiten hinter sich. »Du bist der Bruder und du musst deiner Schwester helfen, sie ist doch krank«, fuhr sie fort. Das sah Sohni ein und nahm ein schweres Erbe an. Er machte eine Ausbildung zum Autoschlosser. Das machte er gut. Die Autoindustrie war eine aufsteigende Branche, da könnte er anschließend die Meisterschule besuchen, eventuell sogar die Ingenieurschule. So weit kam es aber nicht. Viele Jahre später entdeckte er seine Liebe zur Musik und gründete eine Band. Für mich eine Lehrstelle zu finden, war aussichtslos und es scheiterte daran, dass alles viel zu anstrengend war.

Tante Emma kam jedes Jahr zu Besuch und blieb einige Wochen. Wir freuten uns immer sehr. Emma war so etwas wie unsere Vizemutter. Spätestens beim ersten gemeinsamen Frühstück stellte sie dann die Frage: »Was möchtest du denn essen, Bruder?«

Mein Vater sagte dann immer: »Am liebsten esse ich was mit dem Löffel.« Das war der Auftakt zu einer westfälischen Eintopfwelle und Tante Emma übernahm das Küchenprogramm. Es gab Eintopf über Eintopf, die Menschen in Westfalen sind darin Weltmeister. Nur sonntags gab es etwas anderes. Die Eintöpfe waren gesund und lecker, nur »Blind Huhn« mochte ich nicht so gerne. Ich habe mich deshalb auch nie für die Rezeptur interessiert. Jetzt schon:

Rezept: Blind Huhn
Weiße Bohnen werden über Nacht eingeweicht,
am nächsten Tag weich gekocht,
und oben drauf kommt eine große Scheibe Speck.
Dann Möhren, Kartoffeln und grüne Bohnen in Stücke schneiden,
dazu geben und mitkochen.
Dann Äpfel und Birnenstücke dazu geben
und mit Salz, Pfeffer und einer kleinen Prise Zucker würzen.
Vor dem Servieren kommt Petersilie drauf.

Und warum heißt das nun Blind Huhn? Ich glaube, in dem Eintopf findet man alles, nur kein blindes Huhn, aber jeder findet etwas, was er mag. Vielleicht ist es auch eine Anlehnung an den Spruch: »Ein blindes Huhn findet auch mal ein Korn.«

Aber am liebsten aß Papa Marzipan, das er immer als Parziman bezeichnete. Wann immer die Familie in eine Bäckerei ging oder sich später einen Caféhausbesuch leisten konnte, sagte Papa: »Ach, Fräulein, bringen Sie mir doch ein Stück von der Parzimantorte.« Dafür war er bekannt.

Meine Entwicklung lag Tante Emma sehr am Herzen, sie machte sich genauso Sorgen wie die Eltern. Da mir bei der Operation auf der linken Seite eine Rippe entfernt worden war, die sie nicht wieder eingesetzt hatten, machte sie sich Sorgen, dass ich eines Tages eine schlechte Haltung haben könnte. Eine ehemalige Tänzerin gab Ballett- und Gymnastikunterricht. Ich ging dort gerne hin, träumte davon, Balletttänzerin zu werden, die Figur hatte ich schon. Aber für eine solche Ausbildung fehlte mir die Kraft und man hat sie mir sehr bald ausgeredet. Aber träumen darf man ja. Wann immer im Radio rhythmische Musik spielte, tanzte ich und träumte vom Ballett. Zu Hause machte ich bestimmte Übungen, ging mit einem Besenstiel im Rücken auf und ab. Manchmal ging es mir schlecht, ich war deprimiert und Tante Emma sagte: »Zeige niemals, wie schlecht es dir geht, bewahre Contenance.« Ich habe dann heimlich in Vaters Buch nachgelesen und wusste, sie meinte Haltung bewahren. Das habe ich mir gemerkt. Sie hatte recht, es ging niemand etwas an, wie ich mich fühlte.

Die Schulzeit war für mich traurig zu Ende gegangen und ich wurde in einer Haushaltsschule angemeldet. Jedes Mädchen heiratet mal, da konnte es nicht schaden, wenn sie den Haushalt führen kann. Wir lernten alles, kochen, backen und nähen. Das fand ich toll, und ich bekam eine Nähmaschine geschenkt, versenkbar, die aussah wie eine Kommode.

Mode interessierte mich sehr. Die Eltern kauften mir ein wunderschönes Kleid in Altrosa aus Seide, genannt Moiree, was wie Marmor aussah und unterschiedliche Farbtöne hatte. Das Oberteil war eng, der Rock gebauscht wie ein Krinolinenkleid. So ein Kleid kann man nur zu besonderen Anlässen tragen und darum beschlossen die Eltern, mit mir zu einer Festveranstaltung zu gehen. Wahrscheinlich das einzige Mal in ihrem Leben kauften sie Karten für eine Tanzveranstaltung. Die Tochter musste gezeigt werden! Ich freute mich sehr. Es stellte sich auch bald ein Verehrer ein, der nicht mehr von unserer Seite wich. Er hieß Heiner und war einige Jahre älter als ich. Ganz Kavalier bat er die Familie besuchen zu dürfen. Die Eltern waren angenehm überrascht. Er stellte sich öfters ein, lud mich zu Eis, Kuchen und Kino ein. Zum 16. Geburtstag schenkte er mir dann ein Buch von Picasso mit Widmung. Das Buch gefiel mir, ich interessierte mich sofort für die moderne Malerei. Aber Heiner mochte ich nicht. Nach Monaten wurde er mir immer lästiger und ich sagte zu Mutti: »Wenn dieser Heiner wiederkommt, dann sag ihm, ich habe keine Zeit.« Mutti verstand mich, sie erklärte ihm, dass ich wohl noch zu jung sei, und er kam nicht mehr. Sein Picasso-Buch aber habe ich gerne behalten und oft angesehen, ich habe es heute noch und darum habe ich ihn auch nicht vergessen. Das Krinolinenkleid habe ich nur dieses eine Mal offiziell getragen, zu Hause vor dem Spiegel aber oft so getan, als ob. Später erfreute sich ein anderes Mädchen daran.

Jetzt träumte ich davon, die Modeschule zu besuchen. Aber an der Modeschule wurde man nur angenommen, wenn man eine Schneiderlehre erfolgreich beendet hatte. Das hörte sich einfach an, wurde mir aber sofort untersagt. An der Nähmaschine sitzen sei anstrengend und außerdem sei es in einer Nähstube staubig. Unser Hausarzt, der um Rat gefragt worden war, meinte: »Wenn Ella mit der Haushaltsschule fertig ist, bilde ich sie in meiner Praxis als Arzthelferin aus.« Arzthelferin gefiel mir, ich orientierte mich sofort um und passte mich an. Die weiße Farbe gefiel mir, alles musste bei mir sauber und steril sein. Mein Bruder musste sich noch öfter waschen, ich passte auf. Doch die Welt hatte sich gegen mich verschworen, denn kurz danach hatte unser Arzt einen tödlichen Autounfall. Eine andere Arztpraxis zu finden oder eine Lehrstelle in einer solchen, schafften wir nicht. Mein Zeugnis war zwar nicht schlecht, aber der Hinweis »Die Schülerin hat wegen Krankheit …« war und blieb ein Hemmschuh. Es war zum Auswandern. Und das plante ich dann auch.

Ich hatte erfahren, dass Familien in der Schweiz junge Mädchen als

Haustöchter suchten. Durch den Besuch der Haushaltsschule fühlte ich mich reif genug, Haustochter zu sein. Es war beliebt, ein Jahr ins Ausland zu gehen, andere Länder, Sitten und Gebräuche kennenzulernen, Sprachen zu lernen und so erwachsen zu werden. Das fand ich toll. Ich besorgte mir heimlich eine Schweizer Tageszeitung und schrieb meine Bewerbung. Nach kurzer Zeit hatte ich eine Zusage bei einer Zahnarztfamilie in Zürich als Haustochter. Ich legte meine Sachen fein gewaschen und gebügelt sofort in den Koffer und war fertig für die Abreise. Aber bevor ich das Fahrgeld aus der Schweiz bekommen würde, sollte ich eine Einverständniserklärung der Eltern unterschrieben zurücksenden. Das war das Hindernis. Mutti lehnte das kategorisch ab mit den Worten: »Haustochter kannst du bei uns auch sein, du hast die seltsamsten Einfälle.« Ich zog mich schweigend zurück.

Am nächsten Tag nahm ich meinen Koffer, verließ heimlich das Haus, niemand sah mich, und ging zur Autobahn. In welche Richtung ich fahren musste, um nach Zürich zu kommen, wusste ich aus meinem Buch »Von A bis Z«. Ich stand keine zwei Minuten dort, da hielt ein Polizeiauto an. »Wo willst du denn hin?«, fragten die Beamten. Ich sagte gar nichts. »Na, dann komm mal mit!«, verlangten die Polizisten daraufhin. Meinen Koffer in der Hand, ließen sie keinen Zweifel daran aufkommen, dass ich einsteigen sollte. Ich setzte mich schweigend. »Wie heißt du?«, fragten sie weiter. Ich sah zum Koffer, dort war ein Anhänger. Sie fuhren mich nach Hause. Meine »Ausreise« hatte keine Stunde gedauert.

Als das Polizeiauto vor dem Tor hielt, kam Mutti heraus. Sie wunderte sich, der Beamte sprach mit ihr, ich musste aussteigen und bekam das erste Mal in meinem Leben eine Ohrfeige von ihr. Es sollte auch die einzige bleiben. Schweigend ging ich in mein Zimmer. Abends wurde Papa unterrichtet und Tante Emma wurde angerufen. Was sie besprochen haben, habe ich nie erfahren. Allerdings sagte Mutti nur zwei Tage später zu mir: »Du gehst jetzt zur Handelsschule. Morgen melde ich dich an.« Sollte das eine Drohung sein? Das musste sie sich einfach vorgestellt haben, denn die städtische Handelsschule stellte meine Eignung anhand der Zeugnisse mit den vielen Fehlzeiten wegen Krankheit infrage. »Das ist für Ihre Tochter aber doch alles sehr viel, da fehlt ihr einiges an Lehrstoff«, sagte man.

Aha, Defizite, dachte ich. Wir verabschiedeten uns, aber es gab noch eine private Handelsschule, die war etwas teurer. Mutti steuerte direkt darauf zu. Der Direktor hatte als Kind Kinderlähmung gehabt, konnte den rechten Arm nicht richtig bewegen und gab uns die linke Hand. Mutti sagte ihren Spruch auf, dass die Tochter als Kind sehr krank war, im Bunker, die schlechte Zeit, wissen Sie ... Der Direktor ließ sie gar nicht ausreden und sagte gleich: »Liebe Frau, wir werden es mit der Ella versuchen.« Ich wurde aufgenommen, ich wurde Handelsschülerin. Ich hatte Glück, weil der Direktor als Kind Pech hatte. Wie hätte er wohl sonst entschieden? Ich freute mich, Mutti aber auch.

Ich fühlte mich vom ersten Tag an sofort berufen, vergessen waren Ballett, Modeschule, Arzthelferin, Haustochter. Ich stenographierte in Gedanken jedes Wort, hämmerte auf die Schreibmaschine ein und dachte mir Texte aus. Ich war nicht die Dümmste und in jedem Fall die Fleißigste. Kaum war ich mittags zu Hause, fing ich sofort mit dem Lernen an, mich hatte der Ehrgeiz gepackt. »Ella, du musst auch mal eine Pause machen«, stellte Mutti fest. Ich fand neue Freunde, wurde gerne eingeladen, meine Welt änderte sich und ich wurde ein neuer Mensch, fühlte mich in meiner Haut ganz anders. Ich war stolz.

Kurz vor Ende der Schulzeit kam Rechtsanwalt Dr. Sommer, der seine Kanzlei in der Nähe hatte, zum Schuldirektor und fragte: »Haben Sie nicht eine junge Dame, die bei mir zuerst als Volontärin arbeiten und dann später eine Ausbildung als Anwaltsgehilfin machen möchte? Aber sie muss schon gut schreiben können.«

Der Direktor meinte es gut mit mir und sagte: »Dann nehmen Sie doch die Ella.«

Und so kam ich dank dieser Beziehung in die Anwaltskanzlei von Dr. Sommer direkt am Markt, gegenüber vom Amtsgericht. Dort ging ich dann bald ein und aus und lernte viel. Mein Gehalt betrug 70,00 DM im Monat, wir arbeiteten auch samstags bis 14 Uhr, das alles mit einem Urlaubsanspruch von 14 Tagen im Jahr. Aber wir kannten es nicht anders und waren zufrieden. Was man nicht kennt, vermisst man auch nicht. Verheiratete Frauen bekamen einmal im Monat einen sogenannten »Hausfrauentag«, an dem sie nicht arbeiten mussten, das heißt, arbeiten mussten sie schon, aber zu Hause. An diesem Tag wurden in der Regel die Fenster geputzt, die große Wäsche wurde gemacht, die Teppiche wurden ausgeklopft. Am Abend waren die Frauen dann geschafft, sie hatten Muskelkater und waren froh, wieder arbeiten zu dürfen, denn ein »Hausfrauentag« war kein Vergnügen.

Ich war mächtig stolz, ich, die kranke Ella als Volontärin in einer Anwaltskanzlei, ging bei Gericht ein und aus. Ich hatte die Aufgabe, Akten auszuleihen und bestimmte Seiten abzuschreiben, denn Fotokopierer gab es noch nicht. Ich sammelte regelrecht Lebenserfahrungen. Zwar sollte ich immer nur bestimme Seiten abschreiben, aber wenn ich erst einmal angefangen hatte, las ich weiter. Denn Abschreiben ohne Lesen geht nicht. Und was es da so alles gab. Wenn eine Frau unglücklicherweise keine Kinder bekam, konnte sie unter Umständen sogar schuldig geschieden werden. Und wenn sie zum Beispiel eine Krankheit verschwiegen hatte oder einfach nichts davon wusste, hatte sie keinen Unterhaltsanspruch. Kam in einer Familie öfter Diabetes vor, war das eine Erbkrankheit – und wer will das schon? Oder war eine schon lange verstorbene Verwandte geistig behindert, war das für viele ein Grund, sich scheiden zu lassen. Das alles blieb in meinem Gedächtnis haften. Und vor allen Dingen wurde gerne schmutzige Wäsche gewaschen. Na ja, schmutzige Wäsche wäscht man ja grundsätzlich. Eine untreue Frau war ein Skandal, bei einem untreuen Mann wurde ein Auge zugedrückt. Es konnten sogar die Geschenke zurückverlangt werden. Für ein junges, unerfahrenes Mädchen war das beängstigend.

Am Schicksal Sorayas nahm ich Anteil, sie hatte ja deutsche Wurzeln. Die arme Frau, eine Kaiserin und doch unglücklich. Auch sie wurde nicht schwanger, konnte keine Kinder bekommen. Grund genug, sie gegen eine andere auszutauschen. Aber sie durfte ihre Geschenke behalten, das waren andere Kreise.

Die Freunde meines Bruders sagten oft zu ihm: »Deine Schwester trägt die Nase ganz schön hoch.« Das war mir egal, ich war Volontärin in einer Kanzlei!

Zum 18. Geburtstag durfte ich Freunde einladen. Es war mein erster Geburtstag, den ich so feiern durfte. Übermütig habe ich aus der Bowle alle Ananasstücke herausgepickt und gegessen, bis sich alles in meinem Kopf drehte. Das habe ich nie wiederholt, ich habe es mir hinter die Ohren geschrieben. Von den Eltern bekam ich einen kleinen Brillantring, den habe ich heute noch. Die Zeiten waren besser, ich war glücklich. Ein Junge aus der Nachbarschaft, der einige Jahre älter war als ich und schon mit seinem Studium angefangen hatte, lud mich zu einer Karnevalsfete ein. Verglichen mit späteren sogenannten Partys war das eine harmlose Feier. Aber als ich um zehn Uhr abends nicht zu Hause war, wurden die Eltern und Tante Emma, die zu Besuch weilte, unruhig. »Wo bleibt Ella denn nur? Um diese Zeit ist es schon dunkel und auch sehr kalt«, sagten sie. Sohni musste Farbe bekennen, und nun wollten sie Roberts Eltern fragen, wann wir zurückkämen. Es war unumgänglich, die Eltern um Erlaubnis zu fragen, mit der Tochter ausgehen zu dürfen. Mutti und Tante Emma sprachen also bei den Nachbarn vor. Sie ließen keinen Zweifel daran, dass sie sich über die Freundschaft mit Robert freuten, aber sie machten sich halt Sorgen wegen der Kälte usw. »Unsere Tochter ist nach der Operation doch noch immer anfällig und man erkältet sich so leicht«, erklärten sie. Das ganze Programm wurde ausgeplaudert, mein Schicksal diskutiert und alle hatten Verständnis. Robert wurde dementsprechend getadelt, er hatte die Eltern nicht um Genehmigung gefragt, so etwas machte man nicht. Dabei hatten wir gar nichts falsch gemacht und wir waren uns auch keiner Schuld bewusst, es war eine harmlose Fete. Dennoch sollte sie Folgen haben.

Die Fastenzeit wurde im katholischen Rheinland ernst genommen. Am Aschermittwoch ließ man sich in der Kirche ein schwarzes Kreuz auf die Stirn malen. Traditionen hatten noch einen Stellenwert.

Als Tante Emma wieder abgereist war, wurde ich zufällig Zeugin eines Gespräches, in dem eine andere Nachbarin, die allgemein als »Nachrichtenblatt« bezeichnet wurde, meiner Mutter Vorhaltungen machte. »Müsst ihr denn die Ella immer so kontrollieren? Sie ist doch 18 und Robert ist ein sehr anständiger junger Mann. Der Besuch bei den Eltern war überflüssig. Der Vater von Robert hat sich unmissverständlich einer anderen Familie gegenüber geäußert, dass Ella zwar ein sehr hübsches und intelligentes Mädchen wäre, aber wegen dieser Krankheit doch auch schwach. Wortwörtlich soll er gesagt haben: ›Wir wollen doch auch einmal Enkelkinder haben.‹ Lasst ihr doch mehr Freiraum.«

Das war zu viel. Solche Gedanken hatte ich noch gar nicht. Aber mir war klar, dass dieser Mann davon überzeugt war, dass ich eine Schwangerschaft nicht überstehen würde. Ich hatte keine Ahnung vom Kinderkriegen. Ich dachte mir aber, dass es sicher nicht so einfach ist, ein Kind zu bekommen. Ich wurde wieder traurig und fühlte mich oft minderwertig. Die Freundschaft zerbrach, darüber gesprochen haben wir nie. Wir gingen uns aus dem Weg. Dabei waren wir noch nicht einmal »miteinander gegangen«, wie das damals so hieß, wir waren nur Freunde. Das heißt, wenn wir ins Kino oder in den Eissalon gegangen sind, dann schon zusammen, aber das war etwas anderes. Zusammen gehen und zusammen gehen kann eben auch zwei Bedeutungen haben, so kompliziert konnte das sein. Später heiratete Robert die Tochter eines Kollegen seines Vaters und sie bekamen eine Tochter. Die seien schon vorher zusammen gegangen, sagten die Leute.

In den Ferien fuhren wir zu Verwandten aufs Land. Das Wort Urlaub kannten wir noch nicht, Weltreise, Segeltörn, Studienreise, Wochenendtrip – das alles konnte sich keiner vorstellen. Bei schönem Wetter wurde ein Ausflug mit dem Fahrrad an den Rhein gemacht oder es wurde in die Eifel oder im Siebengebirge gewandert. Es wurden leere Flaschen mit Tee gefüllt und Butterbrote wurden eingepackt. Aber einmal fuhren die Eltern mit mir ein paar Tage nach Paris. Papa kannte sich da gut aus, er hatte ja selbst einmal einige Zeit als junger Mann dort gelebt, die Sprache und eine andere Welt kennengelernt. Da habe ich mich sehr gefreut, das war etwas Besonderes. Paris – die Weltstadt und Stadt der Mode. Meine Welt!

Wenn ich im Westfälischen war, habe ich alle Onkel und Tanten besucht. Davon gab es viele, wir waren noch immer eine Großfamilie. Man freute sich, mich zu sehen, jeder wollte mir etwas Gutes tun und gab mir den Rat: »Du musst zunehmen, du hast ja nichts zum Zusetzen.« Ich erinnere mich, dass ich bei Tante Hilde gerne Nierchen süßsauer gegessen habe. Sie meinte dann immer: »Ich habe Nierchen süßsauer gemacht, die magst du doch?« Und ich habe zugestimmt. Ja, Nierchen süßsauer schmeckten mir gut. Heute findet man sie leider auf keiner Speisekarte mehr. Innereien sind nicht gut für die Verdauung. Schade! Damals war das der Verdauung egal.

Das Leben war wieder schön in Deutschland. Einige Cousinen und Cousins waren schon verheiratet, Kinder wurden geboren, neue Familien gegründet, das war der Lauf der Zeit. Und ich? Ich war deprimiert. An Verehrern mangelte es mir nicht. Ich wurde gerne eingeladen, lernte neue Freunde kennen. Aber ich hatte ja noch viel Zeit, volljährig war man erst mit 21 Jahren. Dann nahmen mich zwei Freunde aus meiner Stadt mit auf eine Geburtstagsfeier, es war Ende April. Ein Freund aus der Internatszeit hatte eingeladen, er war 20 geworden. Gefeiert wurde zu Hause, so lernte ich seine Mutter kennen. Sie mochte mich, wie ich dachte. Erich, der neue Freund, lud mich danach öfter ein, mal in ein Eiscafé oder ins Kino. Als Bauarbeiter verdiente er ja schon Geld. Seine Mutter freute das. Für sie war ich wohl von Anfang an die Richtige für ihren Sohn. Für mich war es Freundschaft, zusammen gegangen sind wir nicht. Sie förderte, plante, regierte, beeinflusste mich. Ende August ging Erich dann nach Bremen zur Bau- und Ingenieurschule. Wir trafen uns alle, um ihn zu verabschieden. Am Abend ging ich dann noch mit zum Bahnhof. Dieser Abend sollte mein Leben für lange Zeit entscheidend verändern, dazu gleich mehr.

In Bremen blieb Erich nur wenige Monate, zum Studium wurde er gar nicht erst zugelassen, die nötige »Reife« fehlte. Er wechselte dann nach Hessen. Sein Vater, der in Bremen mit seiner zweiten Ehefrau Anna lebte, hatte ihm angeboten, dass er bei ihm wohnen kann. Das lehnte er strikt ab, er hatte jahrelang keinen Kontakt zu seinem Vater gehabt. Die Stimmung zwischen Vater und Sohn war durch die Mutter so schlecht, dass er im Alter von 16 Jahren ein vom Jahrmarkt mitgebrachtes Terrakotta-Reh, ein Bambi, das auf die Erde gefallen und zerbrochen war, als Geschenk verpackte und dem Vater zum Geburtstag schickte. Der Vater jedoch freute sich sehr, er dachte, das Bambi sei beim Transport kaputtgegangen. Also hat er die Scherben zusammengeklebt. Meine Schwiegermutter erzählte mir diese Geschichte und sagte dazu: »Mein Sohn, der Schlingel.«

Zehn Jahre später fuhren wir dann mit unseren beiden Buben einmal nach Bremen, um den Großvater zu besuchen. Der freute sich sehr. Beim Mittagessen sagte er dann: »Als du mir damals zum Geburtstag das Bambi geschenkt hast, kam es zerbrochen bei mir an. Aber ich habe es wieder zusammengesetzt, es steht noch immer in der Vitrine.« Ich schaute zur Vitrine und mir verging der Appetit. Erich grinste nur. Da ahnte ich noch nicht, welchen Charakter ich geheiratet hatte.

Verliebt – verlobt – verheiratet

Zurück zur Szene am Bahnhof: Die Freunde standen alle auf dem Bahnsteig und wollten Erich verabschieden, in wenigen Minuten sollte der Zug einrollen, da holte Erich plötzlich ein Päckchen aus seiner Hosentasche und steckte mir wortlos einen Goldring an den Finger – damit waren wir vor aller Augen verlobt. Seine Mutter neben ihm lachte, ihr Plan war aufgegangen. Der Zug rollte ein, Erich stieg ein und sagte noch: »Ich schreibe dir.«

Und seine Mutter sagte zu mir: »Erich kommt einmal im Monat nach Hause, ich würde mich freuen, wenn du mich auch öfter besuchst.«

Ich war total verdattert, überrumpelt, sprachlos und kam mir dennoch unendlich wichtig und stolz vor. Ich, für die angeblich immer alles zu viel und zu anstrengend war, war verlobt mit einem zukünftigen Studenten. Die Freunde waren sprachlos, aber sie gratulierten, was sollten sie auch dazu noch sagen?

Meine Schwiegermutter in spe war ihrem Sohn sehr ähnlich, sie waren beide berechnend, hatten ein Ziel. Für eine Verlobte war es selbstverständlich, dass sie ihren Verlobten unterstützte. Ich wurde von Anfang an ausgenutzt, aber ich merkte es nicht. Auf ihre Initiative hat sie später auch die jüngeren Schwestern unter die Haube gebracht, sie ließen sich aber beide bald scheiden. Nur die älteste Tochter hat sich ihren Verlobten selbst ausgesucht und ist frühzeitig von zu Hause ausgezogen. Sie hatte eine Stelle in einem Institut und dort einen Doktoranden kennengelernt, in den sie sich verliebte. Für diese Liebe konvertierte sie zum katholischen Glauben, was ihre Mutter als ein Verbrechen empfand. Doch diese Ehe war wirklich eine glückliche Verbindung, ich habe sie beneidet. Mit dieser katholischen Schwägerin hatte ich bald guten Kontakt und sie ist bis heute meine Vertraute. Sie konnte mich verstehen, kannte sie doch beide, meine Schwiegermutter und ihren Bruder Erich. An ihrem 80. Geburtstag traf ich nach 40 Jahren noch einmal ihre beiden jüngeren Schwestern. Sie begrüßten mich, wir unterhielten uns, aber sie waren Fremde geworden.

Ein echter Goldring an meiner Hand. Mit diesem Ring haben wir zwei Jahre später geheiratet, es war ein Ehering, nur die Gravur wurde nachgeholt. Ich kam nach Hause und Mutti sah sofort den Ring. »Bist du verlobt? Warum sagst du denn nichts?«, sagte sie. Ich dachte nur, was hätte ich denn sagen sollen, ich wusste es vorher ja auch nicht. »Kennen wir den jungen Mann?«, fragte meine Mutter weiter. Ich schwieg und ging in mein Zimmer. Aber schlafen konnte ich nicht. Ich sinnierte – eine Verlobung ist ein Versprechen, aber ich war nicht gefragt worden, ich hatte auch nicht Ja gesagt. Irgendwelche Vorhaltungen wurden mir nicht gemacht, warum auch, ich hatte ja nichts getan. Wahrscheinlich brannte meiner Mutter noch die Gardinenpredigt unserer Nachbarin, dem »Nachrichtenblatt«, auf der Seele, wegen Roberts Einladung.

Durch meine »Aktenstudien« in der Anwaltskanzlei wusste ich, dass man auch Verlobungsgeschenke zurückgeben muss, wenn eine Verlobung aufgelöst wird. Aber bis jetzt hatte ich ja noch keine Geschenke bekommen. Das sollte sich bald ändern. Allerdings kamen die Geschenke von meiner Familie und dienten meiner Aussteuer. Verlobungsblumen gab es nicht. Tante Emma, meine Vizemutter, wurde angerufen und in Kenntnis gesetzt. Sie machte den Vorschlag, die Familie des Verlobten zum Essen einzuladen, damit man sich kennenlernt. Das wurde bald in die Tat umgesetzt und Tante Emma kam natürlich auch. Ich wurde über den grünen Klee gelobt, hatte die Haushaltskurse erfolgreich abgeschlossen, war ruhig, häuslich, ordentlich, sparsam und hatte eine gute Aussteuer. So etwas hörte eine zukünftige Schwiegermutter natürlich gerne. Alle waren zufrieden und bis zur Hochzeit hatten die Verlobten ja noch genug Zeit, sich kennenzulernen. Von da an fuhr ich jeden Sonntag zur zukünftigen Schwiegermutter und sie nutzte die Zeit, mich für ihre Zwecke einzuspannen.

Ich fing irgendwann an, mir Sorgen zu machen. Denn wenn man verheiratet ist, wird eine Familie gegründet, aber könnte ich überhaupt ein Kind austragen? Das »Nachrichtenblatt« hatte doch gesagt, dass Roberts Vater das bezweifelt hatte. Was wäre, wenn er recht hat? Ich beschloss, mir Klarheit zu verschaffen, und ging zu meinem Arzt. Als ich ihm sagte, dass ich verlobt wäre, war er hocherfreut. Ich aber drukste herum und schließlich nahm ich mir ein Herz und sagte: »Ich weiß aber nicht, ob ich ein Kind austragen kann.«

Er sagte wie schon öfter: »Du ..., Sie können alles, was andere auch können.« Früher hatte er immer Du gesagt, jetzt verbesserte er sich und sagte Sie, ich war ja eine Verlobte.

Ich entgegnete: »Aber ich arbeite doch in der Anwaltskanzlei und habe schon oft in den Akten gelesen, dass Verlobungen aufgelöst werden, und ich möchte nicht, dass es eines Tages heißt: Wenn ich das gewusst hätte ... Darum möchte ich Sie bitten, mit meinem Verlobten ein Gespräch zu führen bezüglich der Operation.« Er stimmte zu. Endlich begriff er, welche Sorgen ich mir machte.

Bevor ich mich verabschiedete, sagte er dann aber noch: »Dann würde ich allerdings auch sagen, dass wir auch noch zum Gynäkologen gehen, so sind wir auf der sicheren Seite.« Nun stimmte ich zu und er machte für mich einen Termin. Der Gynäkologe war über alles informiert, als ich dort ankam. Er machte seine Untersuchungen und konnte nur bestätigen: »Sie können alles, was andere auch können, also auch schwanger werden und ein Kind austragen, keine Sorge.« Jetzt war ich zuversichtlich und guter Dinge, ich hatte meiner Pflicht Genüge getan, mein Rechtsbewusstsein war zufrieden.

Es war sicher die seltsamste Verlobung, die es in meiner Verwandtschaft gab, und ich spielte die Hauptrolle. Ich hatte einen Goldring bekommen, Blumen und Zärtlichkeiten waren nicht geplant.

Ich bekam für meine Arbeit als Volontärin in der Kanzlei 70,00 DM im Monat, mein Verlobter hatte keine Einnahmen. Wie sollten wir da etwas sparen? Ich beschloss, mir eine andere Stelle zu suchen und mein »Jurastudium« aufzugeben. Eine neue Stelle habe ich dann auch gefunden, und zwar bei einer bekannten Firma für Heizung, Lüftung und Sanitär. Dort sollte ich alleine die Korrespondenz abwickeln. Das konnte ich, ich habe mich schnell eingearbeitet. Jetzt verdiente ich erstmals »richtiges Geld« und war sehr stolz. Ich teilte mein erstes Gehalt in vier Teile auf.

Einen Teil bekam Mutti, ein Teil war für mich, ein Teil wurde gespart und ein Teil war für meinen Verlobten, denn das war ja selbstverständlich, so sagte zumindest meine zukünftige Schwiegermutter. Er hatte ja noch nicht einmal das monatliche Fahrgeld für das Zugticket.

Ich wäre als Kind niemals auf die Idee gekommen, von meinen Eltern ein Taschengeld zu verlangen oder gar von Anspruch auf Taschengeld zu sprechen. Ein Recht auf Taschengeld je nach Altersgruppe war noch nicht erfunden. Das waren Neuerungen, die in vielen Familien für Zündstoff sorgten. Und ob die Jugend so lernt, besser mit Geld umzugehen, bezweifle ich. Die Ansprüche heute sind überzogen und hochgeschraubt. Wenn einer mehr hat, will der andere noch mehr.

Etwa eineinhalb Jahre später zog meine Schwiegermutter in spe mit den zwei kleinen Mädchen nach Hamburg, wo ihr zweiter Ehemann eine Stelle beim Hamburger Senat gefunden hatte. Damit war für sie der richtige Zeitpunkt für unsere Hochzeit gekommen. Hätte ich damals schon geahnt, was mich bei Erich alles erwartete, vielleicht hätte ich dann doch noch den Ring zurückgegeben. Vor meiner Hochzeit musste mein Bruder noch für volljährig erklärt werden und seine schwangere Heidi heiraten, die gerade mal 17 Jahre alt war. Ich war völlig außer mir, dieses Mädchen und mein Bruder – nein! Sie konnte ja noch nicht einmal Knöpfe annähen, wie wollte sie denn da einen Haushalt führen? Meine schlechten Vorahnungen sollten sich bewahrheiten. Die Erinnerung erlaubt es mir, einen Zeitsprung zu machen: Kinder austragen konnte sie aber schon, sie bekam eines nach dem anderen. Ich mochte die Kinder und habe sie praktisch mit aufgezogen, wann immer das ging. Meine Eltern waren stolz, wie ja die ganze rheinische und westfälische Verwandtschaft kinderreich und kinderlieb war. Aber alle anderen Pflichten wurden vernachlässigt, dabei hatte sie Hilfe genug. Von ihren eigenen Eltern, ihrer Oma und auch von uns. Mein Bruder war blind verliebt. Er arbeitete Tag und Nacht, eine große Familie kostet Geld. Das Unglück nahm seinen Lauf, eines Tages hatte er ausgedient, ein anderer nahm seinen Platz ein. Dieser andere war ein ehemaliger Gastarbeiter aus Sizilien. Er war sehr fleißig und sparsam und machte sich selbstständig. Er baute ein schönes Einfamilienhaus für die große Familie, denn es kamen noch zwei Söhne und eine Tochter hinzu. Aber auch er wurde bald ausgetauscht, ein weiterer Mann kam. Er beging Selbstmord.

Zurück zu Erich und mir: Unsere kirchliche Trauung war für August festgesetzt. Das Hochzeitskleid entwarf ich selbst, es war aus weißer Brüsseler Spitze mit einem abnehmbaren Satinrock. Darauf war ich sehr stolz. Als sparsame Frau dachte ich daran, später das weiße Kleid mit einem farbigen Stoff unterlegen zu lassen und es so auch an anderen Festtagen tragen zu können. Daraus wurde nichts, die späteren Ereignisse konnte ich nicht vorhersehen. Meine Brautjungfer waren meine Cousine Krimhild und meine Schulfreundin Alma. Alma hat selbst nie geheiratet, sie kam aus einer kinderreichen Familie, mehr Familie brauchte sie nicht. Viele Gäste wurden eingeladen, Emma mit ihrem zweiten Ehemann Onkel Karl, Onkel Christian und Tante Rike mit Raul kamen auch.

Die Schwiegermutter aus Hamburg kam mit ihrem Ehemann und den zwei jüngeren Töchtern. Aber für ein Hochzeitsgeschenk war kein Geld da, denn sie waren auf Gran Canaria in Urlaub gewesen, was viel gekostet hatte. »Ich werde euch später Geld schicken«, sagte sie. Das Geld kam im Dezember bei uns an, ganze 100,00 Deutsche Mark. Damit konnten wir damals nicht viel anfangen, Möbel und Elektrogeräte waren teuer. Mein Ehemann kaufte einen Rapidograph, den er für seine berufliche Ausbildung brauchte. Aber sonst hatten sich alle nicht lumpen lassen, wie man so sagte.

Ein besonderes Geschenk von meinem Ehemann bekam ich nicht, aber er hatte eine Busfahrt an die Adria gebucht. Das war unsere erste gemeinsame Reise, ich freute mich sehr. Die Adria, das Meer, die Sonne, der Strand, das südliche Ambiente, die vielen Blumen – für mich war das wie ein Traum. Die Zeit ging viel zu schnell vorbei. Wieder zu Hause musste ich meine Arbeitsstelle aufgeben, meine Sachen, meine Aussteuer packen und mich verabschieden. Mein Bruder fuhr mich nach Wiesbaden in die Taunusstraße, wo mein Ehemann angeblich eine Wohnung für uns gefunden hatte. Die Wohnung in der Nähe des Kochbrunnens war aber tatsächlich nur ein großes Zimmer zur Untermiete im Hinterhof eines Wohnhauses aus der Jahrhundertwende, das früher wohl sehr vornehm gewesen war. Zur Wohnung gehörte ein Bad mit Wanne und Kachelofen für das Heißwasser, aber ohne Toilette und ohne Waschbecken. Die separate Toilette mussten wir uns mit dem Hauptmieter teilen. Das war in dieser Konstellation günstig, denn im Bad richteten wir dann unsere Küche ein, besser gesagt: eine Kochgelegenheit. Mein Bruder fuhr zurück und soll immer wieder gesagt haben: »Da kann Ella doch nicht wohnen, nicht meine Schwester, ich hätte sie am liebsten sofort wieder mit nach Hause genommen.«

Ich muss wohl das praktische Talent meiner Mutter geerbt haben, denn ich beschloss, das Zimmer mit Vorhangstoff in zwei Bereiche zu trennen. Meine Nähmaschine war mir dabei behilflich. Bis Weihnachten war ich mit meinen Einrichtungen und Näharbeiten fertig. Für das einzige Fenster hatte ich sogar Schabracken genäht, es sah sehr vornehm aus. Die Freunde haben uns bewundert, sie fanden unsere Wohnung schön und kamen oft, auch zum Essen. Ich kochte gerne. Unser »Reich« hatte allerdings keine 24 m².

Ich fand bald eine neue Stelle bei der Hausverwaltung Immobilien Leonhard. Mein Ehemann hatte eine Halbtagsstelle beim Evangelischen Kirchenbauamt. Erst jetzt lernte ich ihn wirklich kennen. Er kam und ging, wann und wie er wollte. Einmal wartete ich mit dem Abendessen, Erich kam nach Mitternacht und war unverkennbar nicht mehr nüchtern. Er hatte vor der Haustür noch einen Freund getroffen und man war mal eben in die Kneipe nebenan gegangen. Aus dem Bierchen war ein Wettbewerb im Puschkin-Trinken geworden, den Inhalt spuckte er in der Wohnung wieder aus. Ich holte alle Handtücher aus dem Schrank und legte sie um den neuen Sessel herum, damit er nichts abbekam. Am nächsten Tag ging ich mit den Handtüchern voller Puschkinkirschen zum Waschsalon. Eine Waschmaschine hatten damals nur reiche Leute. Einen betrunkenen Mann kannte ich von zu Hause aus nicht, Papa hat nie nach Alkohol gerochen. Es war einfach nur eklig. Alkohol- und Nikotingerüche waren Erichs Markenzeichen.

Wir waren gerade sieben Monate verheiratet, da entschied meine Schwiegermutter, dass es besser sei, wenn wir nach Hamburg kämen, denn Erich könne dort seine Ausbildung besser verfolgen. Dass ich dann auch meine Stelle würde aufgeben müssen, wurde nicht berücksichtigt. Vielleicht dachte sie, Ella findet dort schnell etwas Neues, sie ist intelligent und tüchtig. Nie wäre ich auf die Idee gekommen, dass man mich später als Frau ohne Gehirn einschätzen würde, die nie denken gelernt hat. Das war eine Äußerung aus der engsten angeheirateten Familie. Immerhin hatte ich die Handelsschule erfolgreich abgeschlossen. Es musste also alles wieder eingepackt werden, meine Vorhänge und Schabracken kamen in Kartons, ich habe sie nie wieder aufhängen können. Die Kartons und unsere bescheidenen Möbel wurden bei meinen Eltern untergestellt. Es sollte ja nur für kurze Zeit sein, so dachte ich. Erich bekam durch die Beziehung seines Stiefvaters eine Stelle bei einer renommierten großen Baufirma. Seinen Stiefvater nannte er seit Kindertagen immer VATI, mit dem eigenen Vater hatte er kaum Kontakt. Ich versuchte vergeblich, eine neue Bürostelle zu finden. Hamburg in den 60er-Jahren hatte sich von den Kriegsfolgen noch nicht ganz erholt. Es war unmöglich für ein junges Paar, eine Wohnung ohne verlorenem Baukostenzuschuss zu finden. Und welches junge Ehepaar konnte schon zehntausend DM oder mehr für eine Wohnung aufbringen? Das war unmöglich. Wir wohnten also bei Erichs Familie. In Wiesbaden hatte ich mit viel Arbeit und Geschick ein gemütliches Heim gezaubert, hier wohnten wir in einem kleinen Zimmer, schliefen auf einer alten, ausziehbaren Bettcouch, unsere persönlichen Sachen mussten in Büromöbeln, die uns als Schränke dienten, untergebracht werden.

Ich war todunglücklich und bekam Magenprobleme. Der Arzt beantragte eine Reha. Ich reiste nach Bad Salzuflen und war froh, dem Trauma Hamburg entflohen zu sein. In Bad Salzuflen erholte ich mich und wenn ich schlau gewesen wäre, hätte ich mich sofort von meinem Ehemann getrennt. Aber meine Erinnerungen an die »juristischen Aktenstudien« aus der Volontärzeit ließen das nicht zu. Wenn eine Frau ihren Ehemann verließ, wurde sie schuldig geschieden und war für alle Zeiten gebrandmarkt. Das alles wollte ich meiner Familie nicht antun, sie hatte schon genug Probleme mit mir gehabt. Und dann konnten wir überraschend doch zurück ins Rheinland. Mein Ehemann hatte sich so mit seiner Mutter verkracht, dass er ausgezogen war und vorübergehend bei seinem Onkel Walter wohnte. Glücklicherweise konnte er sich versetzen lassen ins Rheinland zu einem großen Bauprojekt für die Universität Bonn für eine Dauer von zwei Jahren. Warum hatten die uns überhaupt nach Hamburg geholt? Die Beweggründe waren klar, sie brauchten uns, um in absehbarer Zeit ein Haus kaufen oder bauen zu können, wenn wir die finanziellen Voraussetzungen geschaffen hätten. Großfamilie in spe, zusammen geht alles besser. Dabei hätten sie wissen müssen, dass ihr Sohn Erich sich nicht in ein geordnetes Familienleben einordnen lässt, es war immer wieder zu Krach gekommen, wie auch schon in der Vergangenheit. Alkohol spielte dabei eine wichtige Rolle.

Mein Vater fand im Rheinland schnell für uns eine Wohnung, ein renovierter Altbau, zwei Zimmer, Küche, Bad, welch ein Kontrast. Und das Rheinland war nicht Hamburg, hier hatten schon fast wieder normale Zeiten angefangen. Ich fand bald eine Stelle als Sekretärin in der technischen Abteilung einer großen Maschinenbaufirma, da hätte ich Karriere machen und alt werden können. Aber es kam anders, neue Zeiten standen bevor, ich wurde tatsächlich schwanger und hatte keine Ahnung. Die Ärzte meinten, alles wäre in Ordnung, ich sollte mir keine Sorgen machen, im April sollte es so weit sein.

Mutterschaft

Wenn alles in Ordnung war und ich mir keine Sorgen machen sollte, könnte ich ja auch meine Arbeit im Büro weitermachen und das machte ich auch. Meine Eltern und mein Umfeld, alle, die es gut mit mir meinten, beäugten mich sorgenvoll. »Du musst dich schonen«, sagten sie immer wieder. Ich tat, was ich schon immer getan hatte: Ich wartete ab und es passierte nichts. Die gesetzlichen Bestimmungen der Krankenkassen in Deutschland waren so, dass eine schwangere Frau bis sechs Wochen vor der errechneten Niederkunft und sechs Wochen nach der Geburt arbeiten musste. Elternzeit und Kindererziehungszeiten waren noch nicht bekannt. Das heißt, die Zeiten waren schon bekannt, wurden aber ignoriert. Wer keine Oma oder sonstige Verwandte hatte, die bei der Betreuung des Kindes mithelfen und einspringen konnten, musste eben den Beruf spätestens nach der Geburt aufgeben.

Ich erinnere mich, dass es im Februar 1964 eisig kalt war, der Schnee blieb lange liegen. Ich fuhr nach Büroschluss nach Hause und saß hochschwanger im Bus, vor mir zwei junge Frauen, die sich unterhielten. »Was kochst du denn heute?«, fragte die eine.

»Frische Salzkartoffeln, Specksoße und grünen Salat, da hast du zwar kein Fleisch, aber du hast auch keine trockenen Kartoffeln«, sagte die andere.

»Ja, das ist eine Idee«, entgegnete die erste Frau. Und das alles in Kölscher Mundart. Ich verstehe Kölsch ganz gut, bin ja auch Rheinländerin, aber schreiben auf Kölsch habe ich nie gelernt. Bei mir gab es an diesem Abend Bratkartoffeln mit Spiegelei. Ich war eine Rheinisch-westfälische-Mischlings-Frau mit eigenem Kopf. Was für ein Kontrast zum Ernährungsverhalten Jahre später, italienische, spanische, griechische, türkische Küche – die ganze Welt kommt auf den Tisch.

Außer mit meiner Büroarbeit und dem Haushalt war ich damit beschäftigt, für das Kleine die nötigen Windeln, Hemdchen und Strampelhosen zu besorgen. Vieles bekam ich gebraucht geschenkt, manches wurde selbst gemacht. Was ein Kind so alles braucht, Stubenwagen, Bettchen, Kinderwagen, Waage, Fläschchen, ich war rundum beschäftigt. Der Termin wurde bald Realität und irgendwie stand alles bereit. Geburtsvorbereitungskurse kannten wir nicht. Ultraschall war unbekannt und so wurde auch nur von »dem Kleinen« gesprochen.

Das überraschende Geburtstagsgeschenk

Der errechnete Geburtstermin näherte sich. Am Wochenende besuchten wir meine Eltern, ich war im sogenannten Mutterschutz. Mutti bediente mich, ich ruhte mich aus. Plötzlich fühlte ich mich nass. »Mutti, komm mal«, rief ich. Mutti sah sofort, dass die Fruchtblase geplatzt war. Wir mussten den Krankenwagen rufen. Meine vorbereitete Tasche wurde geholt, ich wurde schnell warm eingepackt und in den wartenden Wagen geführt. Mit Blaulicht und Tatütata ging es in die Uniklinik. Dort wurde ich behutsam in Empfang genommen, auf eine Trage gelegt und schließlich durch eine Tür geschoben – und war im Kreißsaal. In meiner Aufregung achtete ich nicht genau auf die Schreibweise und fragte mich immer wieder: Was hat das jetzt mit einem Kreis zu tun? Der Saal war groß und lang, jedenfalls nicht rund, und er gefiel mir nicht. Ich war nicht allein. Eine andere werdende Mutter rief immer: »Madonna, Madonna!« Sie machte mich ganz nervös. Ich sagte zum Arzt: »Können Sie der Frau nicht mal eine Spritze geben, damit sie nicht so fürchterliche Schmerzen hat? Das kann man ja nicht mitanhören.«

Der Arzt antwortete: »Sie hat nicht mehr Schmerzen als Sie«, nahm mein Bett und fuhr mich in einen Nebenraum. Da stand ich nun, es war fast dunkel, nur eine kleine Notleuchte brannte. Jetzt hatte ich Zeit zum Denken und meine Gedanken kreisten. Was würde jetzt noch alles passieren? So viele hatten von schweren Geburten gesprochen, dass es noch mal gut gegangen sei, Mutter und Kind hoffentlich wohlauf wären. Und dann die Äußerung von Roberts Vater, ein Akademiker, der sich sicher gewesen war, dass ich kein Kind austragen konnte, eine Geburt nicht überstehen würde. Irgendetwas musste passieren! Ich wachte die ganze Nacht, dachte und dachte und wartete, dass etwas Schlimmes passierte. Es passierte aber nichts. Es wurde allmählich hell, der Arzt und die Hebamme sahen regelmäßig nach mir und nach Stunden sagten sie, dass es jetzt bald so weit wäre. Mein Bett wurde wieder in den Kreißsaal geschoben, ich musste auf eine Liege wechseln, die andere werdende

Mutter rief noch immer nach der Madonna. Die Hebamme sagte: »Jetzt atmen Sie mal schön durch.« Das konnte ich, das hatte ich ja mit meiner Geburt gelernt. Ich konzentrierte mich voll auf die Atmung. »Das machen Sie aber sehr gut«, sagte sie. Ich weiß nicht, wie lange es gedauert hat, aber plötzlich schrie ein Kind, es musste wohl meins sein, denn die andere Frau schrie immer noch nach Madonna und der Arzt sagte: »Herzlichen Glückwunsch, Sie haben einen Sohn.«

Und ich sagte: »Danke, das passt ja, ich habe heute auch Geburtstag.«

Der Arzt schaute auf seine Karteikarte. »Na, das ist ja eine richtige Überraschung«, sagte er.

Der Vater des Kindes kam mit Blumen, meine Eltern mit sorgenvoller Miene, die sich dann aber aufhellte, als sie mich sahen – ich lebte immer noch. Wir freuten uns alle, ich war unendlich erleichtert. Tante Emma wurde sofort unterrichtet. Sie war noch mehr erleichtert und wollte bald kommen. Den Jungen, wir nannten ihn Christian, wollte sie sehen, sie sollte auch seine Taufpatin werden. Der Arzt sagte: »Stillen müssen Sie nicht, der Junge ist gesund, Sie können gleich mit Fläschchen anfangen. Stillen ist anstrengend.« Dafür musste ich »abgestillt« werden, die Milch sollte nicht »einschießen«. Dann durfte ich Glaubersalz trinken und die Brust wurde festgebunden. Das war nicht angenehm. Der Oberkörper wurde umwickelt wie bei einer Mumie. Ich habe es überlebt. Als »Mutter und Kind wohlauf« wurden wir entlassen und ich konnte mich als junge Mutter behaupten. Ich glaube, ich habe es gut gemacht, Mutti hat oft geholfen.

Ab jetzt war ich im Wochenbett, ich hatte Schonzeit. Die war bald vorbei. Wir hatten ein Kind und Kinder müssen betreut werden. Kindergeld gab es nicht und so musste ich nach sechs Wochen meine Arbeit wieder aufnehmen. Mein Vater und meine Mutter sprangen zeitweise ein, dann fanden wir eine Verwandte, die bereit war, das Kind von Montag bis Freitag zu betreuen. Mir gefiel das gar nicht. Ich hatte ein schlechtes Gewissen, aber wir verdienten beide nicht viel, auf dieses Geld konnten wir nicht verzichten. Erst nach sechs Monaten hörte ich auf zu arbeiten und wurde komplett zur Hausfrau. Ich war trotz bescheidener Verhältnisse eine glückliche und zufriedene Mutter.

Und jetzt muss ich noch einmal der Zeit vorgreifen: Als mein erster Enkel Benedict geboren wurde, besuchte ich meine Schwiegertochter und den Enkel, der noch keine 24 Stunden alt war. Ich hatte den Kleinen auf dem Arm, da ging die Tür auf und der Opa, zu diesem Zeitpunkt schon mein geschiedener Ehemann, mit Freundin stand dort mit einem Holzroller unterm Arm als Geschenk für den Enkel. Ganz Posteur wie immer. Zum Glück machte er die Tür gleich wieder zu. Ich fragte mich, was ein kleines Kind mit einem Roller soll. Ob er auch ein Geldgeschenk dagelassen hat, habe ich nicht gefragt. Von der späteren Taufe hielt er sich fern, auch zum Führerschein hat er nichts beigetragen. Den beiden anderen Enkeln Vincent und Alexander ging es nicht anders. Geschenke zu Weihnachten, an Geburtstagen oder zu Ostern gab es nicht. Ausflug und Zoobesuch waren Fremdwörter, das fiel nicht nur dem Enkel auf.

Wir hatten keine Waschmaschine, kein Telefon, keinen Fernseher und es gab auch noch keine Pampers. Aber ich hatte gelernt, wie ich ein Kind wickle und wie ich die Windeln wasche. Dazu brauchte ich zwei Eimer, einen für die Nasswindeln und einen für die Stuhlwindeln. Die Windeln wurden täglich eingeweicht, täglich gekocht, von Hand gewaschen, getrocknet und gebügelt, wegen der Hygiene. Es wurde zur Routine. Die Kinder bekamen sofort die Flasche und das Tag und Nacht. Später mussten sie gefüttert werden, Gläschen gab es auch noch nicht. Hinzu kam die ganz normale Hausarbeit. Also, die Frauen von damals waren rund um die Uhr beschäftigt, es gab keine Langeweile.

Wenn ich heute durch die Supermärkte gehe, denke ich oft an die Episode im Bus zurück und lächle – so bescheiden waren unsere Mahlzeiten damals. Ich hatte mir ein Heft mit einem Küchenplan und Rezepten angelegt, wusste immer, was ich abends kochen und auf den Tisch bringen konnte, diesen Küchenplan habe ich heute noch, auf dem Computer geschrieben. Die Essgewohnheiten haben sich dann bei Kindern und Erwachsenen gleichsam rapide geändert. Kinder haben früher das gegessen, was die Großen auch aßen, nur weniger gewürzt und alles püriert oder mit der Gabel zerdrückt. Wer heute den Fernseher einschaltet, wird von Kochkünstlern belehrt und Gourmets verunsichert. Ich denke gerade an eine Sendung, wo ein Hobbykoch regelmäßig Prominenz zum Kochen einlud, während die TV-Dame mit dem überfüllten Kleiderschrank Jakobsmuscheln zubereitete, die sie gerne ihren Gästen servierte und die gar nicht teuer sind. Dabei warf sie in die Unterhaltung über Essgewohnheiten von heute ein: »Wer isst denn heute noch Kohlrabi?« Was? Die kennt Kohlrabi nicht? Eine Blamage! Es hagelte Kritik und dieser Satz wurde in den Wiederholungssendungen rausgenommen. Es gibt das perfekte Dinner und man wirft Nudeln an die Wand, um zu testen, ob sie al dente sind. Wir essen international und viel zu viel. Und noch mehr wird weggeworfen. In modernen Familien wird heute nicht mehr gekocht, sondern nur noch gegessen. Wir sind abhängig von Gefrierschrank, Mikrowelle, Pizza-, China- oder Döner-Imbiss, an jeder Ecke gibt es eine Imbissbude und im Supermarkt oder Kaufhaus Fressstationen. Sonntags gehen die Menschen zum Brunch. Kein Wunder, dass die Küchen immer kleiner, dafür aber eleganter werden. Uns geht es gut, gegessen wird immer. Und wenn auch nur eine kleine positive Nachricht ins Haus flattert, holen viele die gekühlte Sektflasche heraus: Das muss begossen werden. Ob nun mit Prosit, Salute, Santé oder Cheers hängt vom Bildungsstand ab. Es gibt italienische, griechische, spanische, französische und türkische Wochen. Die Delikatessen kennen viele ja schon aus dem Urlaub. Sandwiches gibt es in allen Variationen, sogar im Flieger. Wobei das Sandwich schon vor mehr als 250 Jahren »erfunden« wurde, wenn wir dem Lyriker Johann Christian Friedrich Hölderlin glauben dürfen. Er äußerte sich über Sandwiches wie folgt: »*Der Earl of Sandwich hat die Menschheit vom warmen Mittagessen erlöst. Wir schulden ihm tiefen Dank.*« So wird ein Name unsterblich!

Aber ich will weitererzählen: Kaum war ich hauptberuflich Hausfrau, wurde ich zum zweiten Mal schwanger. Jetzt war ich besser vorbereitet. Wir brauchten eine größere Wohnung und zogen um. Mein Vater betätigte sich wieder einmal als Wohnungsmakler und ausgerechnet die

Firma, zu der ich nach meiner Volontärzeit gewechselt war, baute ein Zweifamilienhaus und ich bekam dort eine schöne Dreizimmerwohnung. Im Laufe meines Ehelebens sind wir mehrmals umgezogen und jedes Mal haben wir uns verbessert. Da wir noch immer kein Telefon hatten, verabredete mein Vater mit mir ein Zeichen. Morgens, wenn er zum Dienst fuhr und an unserem Haus vorbeikam, wollte er auf meine Fenster einen Blick werfen. »Immer wenn etwas nicht in Ordnung ist oder du Hilfe brauchst, ziehst du deine Wolkenstores am Blumenfenster hoch und ich komme rauf«, schlug er vor. Das war eine gute Idee. Dabei fiel mir ein, dass Tante Emma immer gesagt hat: »Die Fenster sind die Visitenkarte einer Hausfrau.« Also wusste ich, was ich zu tun hatte. Es ging somit auch ohne Telefon. Es fehlte uns vieles, aber wir hatten eine Hausbar oder vielmehr: Der Hausherr hatte eine Hausbar. Ich fand das Ding scheußlich. Alkohol fehlte im Haushalt aber nie.

Arzttermine verabredete ich für mich und die Kinder per »Gardinensignal« mit meinem Vater. Als der Entbindungstermin gekommen war, wurde ich wieder mit dem Krankenwagen in die Uniklinik gefahren, diesmal aber ohne Blaulicht und ohne Tatütata. Der Kreißsaal hieß immer noch so, ich fragte nicht mehr, warum. Aber wie beim ersten Mal lag ich die ganze Nacht wach und dachte nach. Es rief niemand nach der Madonna und darum wurde ich auch nicht in den Abstellraum gefahren. Die Kreuzschmerzen waren nicht zu ignorieren, aber Tante Emma hatte oft zu mir gesagt: »Contenance, zeige niemals, wie schlecht es dir geht.« Ich blieb ruhig und wartete. Die Geburt verlief schnell und ohne Komplikationen und der Arzt sagte: »Herzlichen Glückwunsch, Sie haben einen Sohn, er hat wie Sie Rhesus negativ, aber Blutgruppe Null, da konnte gar nichts passieren.« Auch er durfte sofort das Fläschchen haben und ich bekam wieder Glaubersalz zu trinken, das kannte ich ja schon. Es war Mittwoch, der 14. Juli, ein denkwürdiger Tag, der Tag des Sturms auf die Bastille. Ob das den Kleinen einmal interessieren würde? Jedenfalls war und ist mein Sohn ein geborener Schauspieler. Die Rolle des Napoleons beherrschte er perfekt, er war der Größte. Aber auch sehr sozial, hilfsbereit und tierlieb, nur manchmal unbeherrscht, das ist sein Markenzeichen. Und sein Blut – Rhesus negativ Null – hat er gerne und oft gespendet. Sein großer Bruder ist ruhig, nachdenklich, manchmal träumerisch. Schon in der Grundschule bastelte er an technischen Geräten, ging gern schwimmen und machte Judo. Mit offenen Augen träumen, das ist sein Markenzeichen.

Also, da hatte ich nun die ganze Nacht darauf gewartet, dass etwas passierte und dann so etwas: Es war nichts passiert, denn es konnte gar nichts passieren. Mein Stolz war größer als meine Erschöpfung. Wieder kamen Blumen und diesmal sogar ein Schmuckstück. Wir nannten unseren zweiten Sohn Arminius, in Erinnerung an den tragisch verstorbenen Großvater väterlicherseits und den Cheruskerfürst aus dem Teutoburger Wald. Ein symbolträchtiger Name. Und wir kauften eine Waschmaschine.

Wenn ich mit meinem Kinderwagen durch die Straßen fuhr, konnte keinem verborgen bleiben, dass ich die glücklichste und stolzeste junge Mutter weit und breit war. Die Buben waren gesund und lebhaft, wurden schnell sauber und lernten früh sprechen. Ich war Lehrerin für meine eigenen Kinder, eine gute Lehrerin, wie ich es gerne an einer Schule geworden wäre. Ich sah rosigen Zeiten entgegen und nicht nur ich. Meine Eltern, die im Krieg geheiratet hatten, ließen sich zur Silberhochzeit kirchlich trauen. Jetzt brauchten sie keinen Arier-Nachweis mehr, wegen dessen Fehlen ihnen die Trauung im Rheinland verweigert worden war. Sie hatten dann das Rheinland verlassen, waren nach Halle an der Saale gegangen und haben im Westfälischen, Vaters Heimat, ein zweites Aufgebot bestellt. Beziehungen hatten es dann möglich gemacht, dass sie im letzten Moment, zwei Wochen vor meiner Geburt, heiraten konnten. Papa trug schon die Uniform des deutschen Afrika-Korps. Was wird Mutti damals für eine Angst ausgestanden haben – ein Kind und der Ehemann im Krieg. Und dann folgte für alle die große deutsche Tragödie.

Am ersten Geburtstag unseres kleinen Arminius kam dann die Hiobsbotschaft: Mein Ehemann hatte einen Autounfall. Er lag mit schweren Verletzungen im Krankenhaus. Durch eigenes Verschulden war er gegen einen Baum gefahren und hatte den Firmenwagen zu Schrott gefahren. Es gab eine Anzeige wegen Alkohol am Steuer, doch sie wurde zu seinem Glück aufgrund der schweren Verletzungen später eingestellt. Dadurch lernt der Mensch, allerdings nicht jeder. Wenige Wochen später kam eine weitere traurige Nachricht: Meine geliebte Tante Emma war gestorben und ich konnte nicht zu ihrer Beisetzung fahren. Mein Ehemann war noch immer sehr krank, für die Kinder hatte ich keine Betreuung, also fuhren die Eltern alleine. Erst Jahre später habe ich ihr Grab in der Nähe von Bückeburg besucht. Ich habe Blumen hingelegt und wie im Rheinland üblich eine Kerze angezündet. In meinen Gedanken lebt sie noch heute. Tante Emma war die Taufpatin meines ersten Kindes, und nicht nur bei ihm hatte sie mir einmal gesagt: »Ich habe deinen Sohn auch in meinem Testament bedacht.« Das Testament wurde nie gefunden. Wie konnte sich nur jemand daran bereichern? Auch die Fotoalben und die gesammelten Briefe von mir und anderen gab es angeblich nicht. Es war ein ereignisreiches und trauriges Jahr.

Noch mehrmals sind wir umgezogen, haben uns verändert, aber dass ich mein Rheinland verlassen musste, hat mich traurig gemacht. Doch es musste sein, mein Ehemann konnte lange Zeit nicht Auto fahren und ging an Stöcken. Wir mussten also näher an seine Arbeitsstätte heranziehen. Meine Eltern kamen einmal im Monat zu Besuch, die Besuche der Freunde wurden immer seltener und ich musste neue Kontakte knüpfen. Die Kinder fanden immer schnell neue Freunde, bei mir war es schwieriger. Selbst für ein Hobby war kein Geld da und dazu hatte ich wegen den Kindern kaum Zeit. Ich hatte noch nicht einmal Taschengeld, das war nicht üblich für hauptberufliche Hausfrauen. Aber schließlich kauften wir ein Fernsehgerät, die Buben waren damals vier und fast drei Jahre alt.

Dann machte mein Ehemann fast schon Karriere, er bekam eine Stelle im öffentlichen Dienst. Die Bewerbung hatte ich geschrieben, denn zum öffentlichen Dienst wollte Erich auf gar keinen Fall. »Das sind alles Korinthenkacker, Tintenpisser und Fachidioten, da gehe ich nicht hin«, sagte er.

Er wurde zu einem Vorstellungsgespräch eingeladen und ich sagte zu ihm: »Sieh dir den Laden doch einfach mal an, es ist nicht für ewig und wenn du später eine bessere Stelle findest, kannst ja immer noch wechseln.« Erich bekam die Stelle. Die Position war nicht besonders hoch dotiert, aber jetzt hatten wir tatsächlich regelmäßige Einkünfte – ein Grundgehalt nach BAT und einen sogenannten Ortszuschlag, der sich nach Familienstand und Kindern richtete.

Ein neues Wohnviertel mit Reihenhäusern für berechtigte Bedienstete des öffentlichen Dienstes entstand, wo wir ein Haus mieten konnten mithilfe eines Arztes, der ein Attest ausstellte, dass die Ehefrau, das war also ich, aufgrund ihrer gesundheitlichen Verfassung ein eigenes Zimmer brauchte. Wir zogen also in ein Reihenhaus mit Garten, es war der fünfte Umzug und wir waren noch keine acht Jahre verheiratet. So lernt man seine Heimat auch kennen. Schon bald danach – es könnte bei der Weihnachtsfeier der Dienststelle oder zur Weiberfastnacht gewesen sein – begegnete er seiner »Traumkollegin« Else. Ich hatte keine Ahnung, aber es lag wohl an dieser Konstellation, dass er sein restliches Berufsleben dort verbrachte, trotz Fachidioten usw. Es folgten Überstunden und Einladungen und anderes. Else, einige Jahre älter, teilte seine Interessen – Nikotin, Alkohol, Essen gehen, Partys, das ganze Programm ohne Kinder – und brauchte eine Spendierhose und Erich war ihre Spendierhose. Erich war stolz, von einer »reifen Frau« hofiert zu werden, er war ein Mann von Welt mit selbsternannter Karriere. Seine Lebenslüge wurde perfektioniert. Die Familie lief nebenbei und die Ehefrau drehte die Pfennige um. Taschengeld hatte sie immer noch nicht, die Scheckkarte war noch nicht erfunden. Da der Vati so viel »arbeitete«, sahen die Kinder ihn nur selten beim Abendbrot.

Nach einem Urlaub in der Nachsaison in Spanien wurde ich nochmals schwanger, was eigentlich nicht sein sollte, da ich ja Rhesus negativ war und schon Antikörper durch die vorherigen Schwangerschaften hatte. Durch den Aufenthalt im südländischen Klima war es aber wohl nach Meinung der Ärzte zu einer kleinen Hormonstörung gekommen, ich hätte auch noch zweieiige Zwillinge bekommen können. Reiner Zufall! Der Arzt wollte die Schwangerschaft abbrechen und sprach von Komplikationen. Ich konnte mich nicht entscheiden und bat um Bedenkzeit. Ich dachte so lange nach, bis es zu spät war. Wenn man zwei Bilderbuchschwangerschaften hatte wie ich bei den Buben, dann kann man sich nicht vorstellen, dass es anders sein könnte. Aber es wurde anders. Die ersten zwei Monate war alles normal, dann konnte ich nur noch Äpfel, Joghurt und Zwieback essen. Dabei nahm ich rapide ab. Dann bekam ich die Hongkong-Grippe mit sehr hohem Fieber. Ich lag vier Wochen schachmatt im Bett. Dr. Roland machte Hausbesuche. Ihm und seinem Attest hatten wir es vor gut einem Jahr zu verdanken, dass wir dieses Reihenhaus mieten konnten. Und jetzt war ich tatsächlich sehr krank und auch noch schwanger. Das einmal für mich bestimmte Rückzugszimmer wurde für das dritte Kind vorbereitet. Ein eigenes Zimmer habe ich tatsächlich nie gehabt. Meine »Kinderkrankheit« war manchmal eben auch praktisch.

Um das Kind zu schonen, durfte ich nicht alle Medikamente nehmen, es war problematisch. Irgendwie schaffte es mein Körper dann doch, meine Kräfte nahmen wieder zu. Aber ich behielt eine starke Bronchitis zurück, die mich bis zum Geburtstermin begleitete. Ich glaube, damals habe ich für den Rest meines Lebens einen Grippeschutz aufgebaut, denn nie wieder habe ich so fieberhaft unter Grippe gelitten, wohl aber unter grippalen Infekten. Während der Schwangerschaft hatte ich immer wieder Termine zur Blutkontrolle, in den letzten drei Monaten in immer kürzeren Zeitabständen, es war eine Belastung.

Der Geburtstermin war schließlich da, jedenfalls glaubte ich das zu spüren. Es war ein heißer Julitag, Arminius' fünfter Geburtstag, und ich ließ mich in die Klinik bringen. Ich war naiv und glaubte, es würde so sein wie bei den Buben. Aber so war es nicht. Ich wurde untersucht und der Arzt sagte, es sei noch zu früh, ich hätte ja auch noch gar nicht zugenommen. Ich sah aus wie eine Frau aus Biafra. Das Kind müsste sich auch noch drehen, der Kopf sei noch oben. Also warten und zunehmen. Ich wartete noch zehn Tage, dann konnte ich kaum noch atmen, meine Bronchitis quälte mich furchtbar. Der Professor hatte ein Einsehen und vereinbarte mit mir einen Termin für den nächsten Tag. »Morgen um Punkt 8 Uhr treffen wir uns im Kreißsaal und dann bekommen Sie Ihr Kind«, sagte er. Es war ein Samstag. Pünktlich holte mich die Schwester ab, ließ mir ein warmes Bad ein und bereitete mich und alles andere vor. Der Arzt kam und untersuchte mich nochmals kurz. »Das Kind hat sich nicht gedreht, Sie haben noch immer eine Steißlage«, stellte er fest und fügte hinzu: »Macht es Ihnen etwas aus, wenn drei Studenten bei der Geburt zugegen sind? Sie haben noch nie eine Steißlage gesehen.« Dann gab er mir eine Spritze.

»Nein, das ist in Ordnung, die müssen ja was lernen«, antwortete ich.

Er war zufrieden und sagte noch: »So, jetzt können Sie Ihren Mann anrufen, es ist noch Zeit genug.« Er war ein guter Arzt, als Koryphäe bekannt, aber da hatte er sich geirrt. Genau 50 Minuten später war ich Mutter einer kleinen Tochter, der Vater kam im letzten Moment. Ich war überglücklich, mein langes Nachdenken war berechtigt gewesen, man darf nicht so schnell aufgeben. Aber tatsächlich war diesmal viel passiert, was ich nicht gekannt hatte. Dennoch, Mutter und Kind waren wohlauf. Unsere Tochter nannten wir Annabelle. Sie hatte von Anfang an ihren eigenen Willen und war mit dem Popo voran zur Welt gekommen statt mit dem Kopf; da war sie stur geblieben. Eigensinn wurde ihr Markenzeichen, was mich immer wieder sehr traurig gemacht hat.

Es war ein anstrengendes Jahr. Prinzipal Christian war im ersten Schuljahr, unser kleiner Star Arminius war im Kindergarten und musste hingebracht und abgeholt werden und dann die Kleine. Und Pampers gab es immer noch nicht, nur Vliestücher zum Einlegen für das große Geschäft. Der Tag war nicht lang genug, alles musste unter einen Hut gebracht werden, der Haushalt, das Haus, der Garten, die Kinder, Einkaufen, Arzttermine. Hilfe hatte ich nicht. Ein Nachbar sagte einmal zu mir: »Trainierst du eigentlich für die nächste Olympiade? Man sieht dich nur noch rennen.« Ich und Olympiade, vielleicht in der Disziplin »Gehen«. Wer hätte das gedacht? Ich war doch immer vom Sport befreit worden. Ich machte alles zu Fuß, unser erstes eigenes Auto stand dem Haushaltsvorstand, meinem Ehemann, zur Verfügung. Für ein zweites Auto fehlte das Geld. Ich bin Fußgängerin geblieben, das ist mein täglicher Sport, und rechnen kann ich auch heute noch.

Ab jetzt waren die Buben nur noch die Jungs. Und oft hörte ich: »Die Jungs haben gesagt, die Jungs haben gemacht.« Ja, Jungs sind manchmal anstrengend. Aber auch sie waren stolz auf die kleine Schwester, das war nicht zu übersehen. Bei den Jungs konnte ich gar nicht Augen genug haben. Schon früh fühlten sie sich berufen, sehr gute Köche und Hausmänner zu werden. Im Kindergartenalter standen sie frühmorgens auf und schlichen sich leise in die Küche. Sie aßen gerne Quarkspeise mit Erdbeeren und die Erdbeerdosen im Schrank hatten es ihnen angetan. In einer Zeit, als es noch nicht das ganze Jahr hindurch frische Erdbeeren gab, hatte ich davon immer einige Dosen auf Vorrat. Wie man eine Dose öffnet, wussten sie schon, und so nahmen sie die Dose und den Dosenöffner mit ins Bett und versuchten sie zu öffnen. Es war wohl doch noch ein bisschen zu viel für die kleinen Hände, aber zwei Löcher hatten sie geschafft und der süße Erdbeersaft verteilte sich im Bett und konnte noch nicht einmal aufgeschleckt werden. Die Überraschung war groß! Erdbeerquark war ihre Lieblingsspeise. Gute Hausmänner wurden sie tatsächlich.

Als wir einmal in Bayern am Ammersee waren, ging ich einkaufen, die Jungs trugen schicke Matrosenanzüge. Der Jüngste saß in der Kinderkarre, Prinzipal sollte sich am Wagen festhalten. Wir überquerten auf einem Holzsteg einen kleinen, aber reißenden Bach. Plötzlich ließ er los und fiel vom Steg herunter. Ich musste erst die Karre in Sicherheit bringen, dann habe ich versucht, den Jungen aus dem Bach zu ziehen. Das war nicht einfach, der Uferrand hatte Gefälle. Ich bekam ihn zu fassen, kurz bevor der Bach in ein Rohr floss, das im Ammersee endete. Ich dachte, jetzt hat der Junge lebenslang Angst, ins Wasser zu gehen. Aber nein, Angst hatte er vor Wasser nie. Ich schon. Was hätte da nicht alles passieren können, und wenn der Jüngste sich auch noch aus der Karre befreit hätte, nicht auszudenken.

Aber noch größer war das Trauma, als der Heustadel brannte. Christian, der uns schon sehr vernünftig vorkam, schickten wir in den Winterferien zum Skifahren in die Berge. Der Lehrer teilte die Schüler in zwei Gruppen ein: Wer kommt mit auf die Piste, wer bleibt in der Hütte? Christian und seine besten Kumpels wollten in der Hütte bleiben und sich vom Vormittag ausruhen. Dann reizte sie der Heustadel. Die Jungs kamen sich sehr erwachsen vor und probierten es mal mit dem Rauchen. Plötzlich stand der Heustadel in Flammen. Zum Glück hatten sie die Tür nicht verriegelt und alle konnten die Flucht ergreifen. Der Heustadel brannte total ab, der Landwirt wollte den Schaden ersetzt haben. Mich verfolgte das Erlebnis noch lange.

An Silvester gab es oft Fondue. Bei Kindern brauchte man da schon Argusaugen. Arminius, unser Schauspieler, wollte zeigen, was er alles kann. Seine Starallüren brachten uns alle oft zum Lachen. »Pass auf, sei nicht so hektisch, mach das mal mit Ruhe«, sagten wir. Aber nein, die Fonduegabel wurde benutzt wie ein Schwert, das Fleisch musste getroffen werden. Und ruckzuck saß die Fonduegabel im Fleisch, das sie genau getroffen hatte, allerdings das Fleisch der Hand. Großes Geschrei. Der Krankenwagen wurde gerufen, die Klinik informiert, die Sachlage durchgegeben. Dort verstand man: Kind hat Fonduegabel im Hals. O Gott, auch das noch. Der Operationssaal wurde vorbereitet und der diensthabende Arzt war sehr erleichtert, dass die Gabel nur in der Hand steckte. Eine Operation war nicht nötig, es genügte eine einfache Betäubung der Hand. Die Gabel wurde entfernt. Wir hatten Glück im Unglück, es waren keine Sehnen getroffen. Die Wunde heilte schnell. Das Essen konnte beendet werden. So einen »Sturm auf die Bastille« gab es in unserem Kinderzimmer öfter.

In der Nachbarschaft brannte eines Tages ein verwilderter Obstgarten. Unsere Jungs waren mit Schulfreunden draußen, ich ahnte nichts Schlimmes, dann plötzlich das Feuer! Die Feuerwehr kam, löschte, aber das Gestrüpp war komplett abgebrannt, die Obsternte vernichtet. Wie hatte das passieren können? Irgendeiner der Jungs hatte von zu Hause Zigaretten und Streichhölzer stibitzt und sich damit im Gestrüpp versteckt. Die zukünftigen Herren wollten es mal ausprobieren. Die zuständigen Mütter der Jungs konnten oder wollten den Übeltäter nicht

ausliefern, versichert waren die Familien aber alle. Die Versicherungs-
vertreter sahen sich den Schaden an, die Gartenbesitzerin klagte über
die verlorene Apfelernte und der für den Schaden beauftragte Sach-
verständige, der wahrscheinlich auch Jungs hatte, meinte nur jovial
zu ihr: »Konnten Sie denn keine Bratäpfel daraus machen?« Ich dachte
nur, dass zum Glück keins der Kinder gebraten worden war. Ab diesem
Tag hasste ich Zigaretten und ihren Gestank in den Kleidern mancher
Leute noch mehr. Mein Ehemann fühlt sich ohne Nikotingeruch an
Haaren, Haut und Anzug nicht wohl. »Rauch doch eine mit«, so ein
Satz, den ich fast täglich hörte. Warum sollte ich mich selbst vergiften?
Raucherwarnungen auf den Packungen gab es noch nicht.

Arminius verkleidete sich schon als kleiner Junge gerne und schau-
spielerte. In unserer Stadt gab es leider keine Schauspielschule, aber
eine Ballettschule. »Arminius, das ist doch nichts für Jungs«, sagte ich.
Aber er wollte dorthin. Als einziger Junge unter vielen hübschen Mädchen besuchte Arminius also die Ballettschule und lernte die grund-
legenden Ballettpositionen akribisch genau. Position eins bis sieben
wurden in der Wohnung stolz vorgeführt. Nach einem weiteren Umzug
wechselte er dann zur Düsseldorfer Schauspielschule, die Nora Hengs-
tenberg, eine ehemalige Schauspielerin, für Kinder gegründet hatte. Für
mich hieß das: Jede Woche meine drei Kinder einsammeln, mit dem
Bus in die Stadt fahren und dem Schauspielunterricht folgen. Arminius
bekam natürlich gleich eine Rolle. Er spielte in einer Tiergeschichte den
kleinen klugen Maulwurf und bekam später im folgenden Theaterstück
nach Oliver Twist eine tragende Rolle.

Christian versprach, beim Aufbau der Kulissen zu helfen. Zur Pre-
miere wurde der kleine Maulwurf in der Zeitung groß erwähnt und
seine gute Aussprache wurde gelobt. STOLZ müsste man steigern können – SUPER! Arminius wäre wirklich ein guter Schauspieler geworden. Seine Rollen wechselten zwischen Bösewicht und lieber Junge,
aber meistens war er der liebe Junge.

Claus, ein Nachbar, der sich als junger Mann ein Terrarium mit drei
Süßwasserschildkröten zugelegt hatte, musste sich davon trennen, da

seine Ehefrau dafür keine Toleranz mehr aufbrachte. Er schenkte das Terrarium Arminius, der seine Tierliebe auslebte und sehr ernst nahm. Das Terrarium stand im Zimmer der Jungs, die sich die große Mansarde, von einer sogenannten Wohnwand in zwei Bereiche getrennt, teilten. Die neuen Lieblinge hießen Josef, Josefine und Elektra. Immer wenn das Terrarium gesäubert werden musste, kamen Josef, Josefine und Elektra in die Dusche und genau dann wollte der Bruder natürlich duschen. »Die Jungs zanken sich wieder«, sagte die kleine Annabelle.

»Warum?«, fragte ich.

»Josef, Josefine und Elektra sind in der Dusche!«

»Da werden sie bestimmt nicht lange bleiben«, versuchte ich zu vermitteln. Das war nur eins der vielen Erlebnisse mit den Schildkröten, die ich nicht vergessen habe.

Wirtschaftswunderland

Das Leben in Deutschland hatte sich verändert, es ging bergauf. Nur 25 Jahre waren seit Kriegsende vergangen und die Supermärkte boten wieder alles an. Das Angebot wurde immer exotischer. Man machte Urlaub, fuhr in den Süden, das kostete. Die Männer waren berufsbedingt kaum zu Hause, einige auch aus anderen Gründen. In den Zeitungen wurde berichtet – und die Medien mussten es ja wissen – von »grünen Witwen«. Oswald Kolle klärte auf unter dem Titel »Dein Mann, das unbekannte Wesen«. Beate Uhse sorgte für einen »Club für tolerante Paare«, es gab auch Saunaclubs und Partys. Ich war eigentlich auch eine »grüne Witwe«, denn einen Garten hatten wir ja und mit meinen drei Kindern war ich auch allein. Nur hatte ich keine Zeit und auch kein Geld für Schönheitssalon und Friseur, Tennis und Reiten. Ich ging aber einmal in der Woche zur Volkshochschule und lernte Italienisch für unseren Urlaub auf Sardinien. In den Ferien auf Sardinien habe ich mit meinen Kindern die schönsten Stunden erleben dürfen, an die ich immer wieder gerne zurückdenke. Und ich glaube, sie auch. Als wir das erste Mal vom Ferienhaus runter zum Meer gingen, sagte Annabelle freudestrahlend: »Ich sehe die Wasser.«

Und die Jungs antworteten lachend: »Ja, DIE Wasser sehen wir auch.«

Finanziell erlauben konnten wir uns diese Wochen eigentlich nicht. Doch wir hatten einen Gönner, ein Unternehmer aus Blumenthal, mit dem Erich berufsbedingt in Kontakt stand. Genau genommen war es Vorteilsnahme im Amt. Aber ich wusste das nicht. Als es mir klar wurde, bekam ich Angst. Was wäre, wenn ein Kollege davon erfuhr? Meine Bedenken wurden als Einbildung abgetan.

Unsere Hausbar stand jetzt im Keller und war also eine Kellerbar geworden. Das Ding im Wohnzimmer war immer nur ein Schandfleck gewesen. Erich lud gerne Gäste ein und war bei seinen Freunden spendabel. Es gab stets erlesene Spirituosen wie französischen Cognac, Wodka und Whisky sowie teure Zigaretten. Manchen stieg das zu Kopf. »Wenn es dem Esel zu wohl ist, geht er aufs Eis«, so sagt man, aber sie merkten das erst, wenn es zu spät war. Auch diese Spirituosen und Zigaretten zu Weihnachten und Neujahr waren eine Vorteilsnahme im Amt. Die Spender erwarteten Gegenleistungen.

Die Zeitungen profilierten sich immer mehr, beeinflussten die Leser, eroberten die Welt. Später kamen andere Medien hinzu. Sie sagten, was in ist und was gut ist und was man sich verdient hat, aber sie informierten auch über Aktuelles. Mein Ehemann Erich hörte einmal im Autoradio von einem Bildungsprogramm, einem Austausch zwischen Deutschland und Italien. Wer schon etwas Italienisch sprach und Interesse hatte, könnte sich anmelden. Da ich kein Auto hatte und auch keine Zeit, um Radio zu hören, war ich ahnungslos. Aber mein Ehemann meldete mich kurz entschlossen dort an. Sollte es eine Überraschung sein? Ich freute mich, alle freuten sich, ich wäre nicht auf die Idee gekommen, die Anmeldung zu hinterfragen. Meine Sprachkenntnisse waren ausreichend, ich konnte an dem Programm teilnehmen. Es ging also für einige Zeit an die Auslandsuniversität nach Perugia in Umbrien. Opa und Oma aus Bremen sollten für diese Zeit die Kinder betreuen.

Die Zeit in Perugia war für mich die schönste Zeit meines Lebens. Alles war perfekt organisiert. Wir trafen mit vielen Gruppen zusammen, waren an den Wochenenden in Rom, Florenz, Assisi, Lago Trasimeno, auf den Spuren Hannibals unterwegs, besuchten die Keramikwerkstatt Deruta und die Perugina Schokoladenfabrik; Freundschaften wurden geschlossen, ich habe keinen je wieder getroffen, es gab für mich schicksalhaft keine Möglichkeit mehr. Mein weiterer Weg war schon vorbestimmt, Steine lagen überall.

Ich hatte immer eine höhere Schule besuchen und später studieren wollen. Meine Krankheit hatte das aber nicht zugelassen oder besser: die Experten, die glaubten, mich negativ beurteilen zu müssen. Es sollte eine schicksalhafte Heimkehr werden. Ich kehrte heim, hatte eine gute Beurteilung und ein Zeugnis, ich konnte weitermachen; ich war stolz. Mein Ehemann holte mich vom Bahnhof ab. Die Straßen waren schon geschmückt für die Adventszeit. In Gedanken war ich noch in Perugia, freute mich auf die Kinder und auf Weihnachten und machte Pläne. Dann eröffnete mir Erich im Auto, dass mein Bruder Sohni nicht mehr lebt. Er hatte sich nur vier Tage nach meiner Abreise das Leben genommen. Ich war wie betäubt. Das konnte nicht sein. Meine Welt fiel in sich zusammen. Ich habe nicht geschrien und auch nicht getobt, ich habe wie immer Haltung bewahrt, aber ich habe mein Leben lang keinen Abschied nehmen können. Mein Bruder lebt in meinen Gedanken immer noch. Ich sehe ihn noch so vor mir wie am Tag der Abreise bei den Eltern. Die Eltern hatte von einer Benachrichtigung Abstand genommen, sie wollten nicht, dass ich sofort zurückkam und die Zeit an der Uni Perugia für mich verloren ging. Sie kannten mich und hatten mir wenigstens diese Zeit gönnen wollen.

Mein Bruder hatte familiäre Probleme, seine Frau wollte sich scheiden lassen, hatte ihn bereits verlassen. Er hatte schwere Depressionen und war seit einiger Zeit in ärztlicher Behandlung. Wer so etwas nicht mitgemacht hat, kann das nicht nachvollziehen. Heute kann ich ihn verstehen, es gibt Seelenschmerzen, da wünscht man sich einfach nur noch Ruhe und Frieden. Ich habe regelmäßig sein Grab besucht, eine Rose hingelegt und eine Kerze angezündet. Wir waren in einer schrecklichen Zeit geboren worden, hatten als Kinder ein Bett geteilt, hatten zusammen die Schule besucht, hatten alles geteilt und er war darauf vorbereitet, mir, der kranken Schwester, einmal zu helfen. Und nun war er nicht mehr da. Mein Bruder, der Schlittschuhläufer, der Boxer, der Seifenkistenfahrer, der Pfadfinder, der Drummer, der mir immer mit einem strahlenden Lachen begegnet war, der so viele Freunde hatte, er war nicht mehr da. Und nur wenige Monate später hätte ich meinen Bruder und seine Hilfe wirklich gebraucht. Wo waren damals bloß unsere Schutzengel?

Es war ein Tag wie jeder andere. Die Jungs waren in der Schule, mit Annabelle fuhr ich in die Stadt, ich wollte mir beim Arzt etwas verschreiben lassen. Da sagte die Kleine plötzlich: »Ich habe Durst.«

Und ich antwortete: »Dann gehen wir jetzt ins Kaufhaus, dort gibt es ein Restaurant und du bekommst einen leckeren Saft.«

An diesem Tag aber müssen meine Schutzengel aktiv gewesen sein, sie wollten mir etwas sagen. Ich wollte den Saft bezahlen, als meine Tochter plötzlich freudig sagte: »Da ist ja der Vati.«

Ich drehte mich um und tatsächlich: Da war mein Ehemann in trauter Zweisamkeit mit einer Dame beim Tête-à-Tête, Alkohol fehlte nicht. Jetzt ging mir ein Licht auf. Ich wahrte Contenance und sagte vornehm: »Dann sag dem Vati doch guten Tag.«

Die Kleine lief rüber, mein Mann und die Fremde drehten sich um und sahen mir genau ins Gesicht. Ich brachte der Kleinen den Kirschsaft, sie trank und dann haben wir uns verabschiedet. Das war eine reife Leistung, Tante Emma hatte mich gut auf alles vorbereitet, obwohl sie so eine Situation sicher nicht vorausgesehen hatte. Ich blieb cool. Ich nahm mir vor, mit einem seiner Kollegen zu sprechen, aber dann schlotterten mir die Knie. Wir fuhren nach Hause und ich packte vier Schlafanzüge und vier Zahnbürsten in eine Reisetasche und sagte zu den Kindern: »Wir fahren heute mit dem Zug zu Oma und Opa.« Sie freuten sich unbändig, dass wir alleine mit dem Zug fuhren. Meine Eltern freuten sich zunächst auch. Es war Rosenmontag und in der Stadt, in der wir lebten, war an Rosenmontag Schulpflicht, dafür bekamen die Kinder am nächsten Tag, am Veilchendienstag, schulfrei.

Während der Zugfahrt wurde mir bewusst, dass ich schon seit langer Zeit vieles beobachtet hatte, aber wohl die Wahrheit dahinter nicht hatte wahrhaben wollen. Vor gut fünf Jahren hatte mein Ehemann dank meiner Tatkraft endlich eine feste Stelle im öffentlichen Dienst gefunden und war dort sogar geblieben, das »Zigeunern« hatte aufgehört, wir hatten endlich ein Familienleben und ziemlich bald hatte er diese Dame Else kennengelernt. Sie war auch dort im Büro beschäftigt. Vom eigenen Ehemann denkt man ja nie böse. Ich war wohl auch zu beschäftigt, hatte an seine Überstunden geglaubt und sogar ein schlechtes Gewissen, weil Erich so viel arbeiten musste. Ich hätte vieles hinterfragen müssen, zum Beispiel: Was waren das für Quittungen aus teuren Restaurants, wo wir nie zusammen gewesen waren, die ich aber beim Waschen in seinen Hemdtaschen fand? Ich dachte an meine Zeit in der Anwaltskanzlei und die Akten zurück – was ich da alles gelesen hatte! Eine Welt brach zusammen.

Am Abend, als die Kinder zu Bett gegangen waren, habe ich den Eltern erzählt, was passiert war. Und ich sagte: »Ich gehe nicht mehr zurück!« Meine Mutter schlug die Hände über dem Kopf zusammen und entgegnete: »Das kommt überhaupt nicht infrage. Denk an die Kinder, die Kinder sind das Wichtigste.« Was hätten sie denn auch sagen sollen? Nur wenige Monate vorher hatte ihr Sohn, mein Bruder, uns alle verlassen. Und jetzt das. Meine Eltern waren mit dieser Situation total überfordert und natürlich konnten auch sie nicht in die Zukunft sehen. Papa brachte uns am nächsten Tag mit dem PKW zurück, das Leben ging weiter. Es war eine schlimme Zeit, aber irgendwie gewöhnt man sich mit der Zeit an alles. Ich war immer schon viel mit den Kindern allein gewesen und es fiel ihnen nun gar nicht auf, dass der Vati noch seltener zum Abendessen zu Hause war. Er machte eben Überstunden.

Denk an die Kinder, so hatte meine Mutter geraten. Ich dachte an die Kinder und daran, dass ich eines Tages wieder berufstätig sein könnte und ich dann nicht mehr so abhängig sein würde. Als Ehe- und Hausfrau hatte ich nur mein Haushaltsgeld, persönliches Taschengeld kannte ich nicht.

Was macht man, wenn ein Ehemann die meiste Zeit nicht zu Hause ist und woanders isst? Ein Gespräch führen war fast unmöglich, entweder hörten die Kinder mit oder er war geistig abwesend. Ein Streitgespräch wollte ich auch nicht. Also holte ich, wenn die Kinder im Bett waren, meine Schreibmaschine heraus und schrieb Briefe mit Kohlepapier an meinen Ehemann. Schreibcomputer waren noch nicht erfunden. In diesen Schreiben führte ich ihm vor Augen, in welche Gefahr er die Familie bringt. Ich dachte, dass er wenigstens Rücksicht auf die Kinder nehmen würde, aber ich kannte meinen Ehemann wohl schlecht oder er war unbemerkt mutiert. Die Schreiben gab ich ihm bei nächster Gelegenheit und ließ sie mir quittieren. Wenn man einmal in einer Anwaltskanzlei gearbeitet hat, hat man doch etwas fürs Leben gelernt. Ich rechnete mit allem. Diese Briefe habe ich heute noch, meine Voraussagen haben sich bewahrheitet.

Und dann zogen wir tatsächlich noch einmal um, in ein schönes Eigenheim mit Garten. Für diesen Neuerwerb wurde ich noch einmal gebraucht, dann wurde er vor den Augen der Kinder immer rabiater. Ich bekam Angst vor meinem Ehemann. Natürlich stand nur er im Grundbuch, ich hatte nur die Pflicht, die Finanzierungspapiere und Anträge für die öffentlichen Gelder zu unterschreiben. Als ich mich weigerte, sollte das Grundbuch geändert werden. Notgedrungen im letzten Moment habe ich meine Unterschriften geleistet, aber geändert wurde nichts. Der Notar sagte einmal zu mir: »Liebe Frau, ich kann Ihren Mann doch nicht hierher prügeln.« Nein, das konnte er nicht. Erichs Impertinenz kannte keine Grenzen.

Warum waren wir überhaupt in eine andere Stadt gezogen? Worin lag der Sinn, ein schönes Reihenhaus nur wenige Minuten von der Dienststelle entfernt aufzugeben für ein Haus mit einer täglichen Fahrzeit von etwa einer Stunde? Man zieht zur Arbeit hin und nicht von der Arbeit weg! Allmählich wurde mir klar, dass Erich verhindern wollte, dass ich ihn noch einmal überraschend in flagranti ertappen würde. Es wäre nun für mich mit drei kleinen Kindern fast unmöglich, mit öffentlichen Verkehrsmitteln seiner Spur zu folgen, selbst wenn mir ein guter Bekannter einen Hinweis gegeben hätte. Er hatte mich also aus der Gefahrenzone weggebracht. Die neuen Schulden spielten dabei keine Rolle.

Als Frau braucht man eine gewaltige Selbstbeherrschung, um neben einem nach Alkohol und Nikotin stinkenden Mann zu schlafen und dann auch noch sein Schnarchen zu ertragen. An Schlaf war überhaupt nicht zu denken. Und wenn Frau dann auch noch weiß, dass sie bereits ausgetauscht wurde, geht das noch mehr an die Nerven. Seit Langem hatte ich Schlafstörungen. Ich wäre so gerne weggelaufen, aber wohin?

Die Medien beherrschten die Welt, hetzten die Leute auf, besonders die, die sich aufhetzen lassen wollten. Es wurde zum Tagesgespräch:

Ein neues Gesetz war verabschiedet worden, das Familienrecht, es trat am 1. Juli 1977 in Kraft. Die Medien machten mobil. »Männer, lasst euch heute scheiden, morgen geht es euch an den Kragen« titelten sie. Ein Run auf die Gerichte war zu erkennen und mein Ehemann meinte, er sei besonders klug, es auch gleich zu tun. Er wollte die Scheidung noch vor dem 1. Juli durchbringen, dazu brauchte er nur meine freundliche Zustimmung. Von Freundschaft aber hatte ich in den vergangenen Jahren nichts bemerkt, dem konnte ich also nicht folgen, das Gericht auch nicht und das Verfahren wurde an das neu zu bildende Familiengericht verwiesen. Die Gerichte mussten sich erst neu orientieren, das kostete sehr viel Zeit und anschließend viel Geld.

Das traurigste Geburtstagsgeschenk

Es war ein Mittwoch, ein Tag wie jeder andere. Ich hatte Geburtstag und wurde 36 Jahre alt. Meine Eltern riefen an, sie wollten am Sonntag kommen. Der Postbote kam und brachte ein Schreiben mit Zustellungsurkunde. Ein Geschenk konnte das nicht sein. Es war die Scheidungsklage. Mein Ehemann hatte die Scheidung eingereicht, ohne mit mir auch nur ein Wort darüber zu sprechen. Wie die Bilder sich gleichen, erst Verlobung ohne Antrag, jetzt Scheidungsantrag ohne ein Wort. Ich bekam einen Nervenzusammenbruch. Mein Parasympathikus schlug Alarm, ich litt an Schwindel, Schweißausbrüchen und Schüttelfrost, mein vornehmer Gang, früher catwalkverdächtig, war nur noch ein Taumeln. Die Waage zeigte noch 43 Kilo. Ich musste zum Arzt, der wies mich in ein Krankenhaus ein. Wie bei Krankenhauseinlieferungen üblich, wurde eine Blutkontrolle gemacht. Dann sagte der Arzt zu mir: »Sie haben Diabetes.« Ich konnte mich nicht mehr beherrschen, ich heulte wie ein kleines Kind. Noch eine Krankheit konnte ich nicht verkraften, meine Kindheit war mir noch zu sehr in Erinnerung. Ich war fertig mit den Nerven. »Regen Sie sich nicht so auf, es ist noch nicht so schlimm«, fuhr der Arzt fort. »Sie müssen nur ein wenig mit dem Essen aufpassen.« Diese Worte gingen jedoch an mir vorbei. Die Blutkontrollen wurden täglich gemacht. Nach einer Woche sagte der Arzt: »Sie haben kein Diabetes, es sind Ihre Nerven, die spielen total verrückt.« Ja, mit meinen Nerven stimmte gar nichts mehr. Mir wurden Medikamente verschrieben und ich habe nur noch geschlafen.

In den Zeitungen wurde und wird oft von Rosenkrieg gesprochen. Das war und ist aber nur etwas für reiche Leute. Bei uns gab es keinen Rosenkrieg, dafür hatten wir gar kein Geld. Wir waren nie wohlhabend gewesen, es hatte immer gerade gereicht. Dafür waren Gemeinheiten bis hin zu Gewalttätigkeiten an der Tagesordnung, sodass ich zum Arzt musste. Solche Aktionen ihres Vaters haben die Söhne nie vergessen. Ich wurde wie von Dornen gepeinigt, es war also mehr ein Dornenkrieg.

Wir waren fast 15 Jahre verheiratet, hatten drei gemeinsame Kinder und etwas aufgebaut, aber Wertschätzung war für Erich ein Fremdwort. Ich hätte in den jahrelangen Scheidungsprozess sämtliche Gemeinheiten einbringen und seine Lebenslüge aufdecken können, Beweise gab es genug, aber mit Rücksicht auf die Kinder, denen ich auch heute noch kein schlechtes Gewissen machen will, habe ich darauf verzichtet. Rückgängig machen kann man damit nichts und verdauen muss man allein. Die Erinnerungen sitzen fest und finden sich in meinen Gedichten und Sprüchen wieder. Ich habe immer die Interessen der Kinder gefördert und sie beschützt. Haben sie das je gemerkt?

Während der Zeit im Krankenhaus besuchte mich einmal meine Nachbarin Asta, bei der ich einmal nachts mit Annabelle an der Hand Schutz gesucht hatte. Sie brachte auch meine drei Kinder mit. Es war der einzige Besuch in vier Wochen. Die Kinder erzählten, eine Frau Marga käme jetzt und kümmere sich um den Haushalt. Marga war eine Kollegin von Frau Fink, sie arbeitete auch in der Bank. Ich dachte, ach, dann ist das wohl seine Neue. Wie sehr ich mich da geirrt hatte, sie war keine Neue, sie war eine weitere Liebschaft, die parallel lief.

Asta war hochschwanger, sie wartete jeden Tag auf das große Ereignis. Ich freute mich für sie und träumte in der folgenden Nacht, dass Asta einen Sohn zur Welt bringt und ich den Sohn nie im Leben sehen würde. Ich dachte mir, Träume sind Schäume, denn warum sollte ich den Sohn nie sehen? Natürlich würde ich sie und das Kind besuchen. Die Frage, ob es nun ein Sohn oder doch vielleicht ein Mädchen werden würde, ließ mich nicht los und ich erkundigte mich bald. Und tatsächlich, nur wenige Tage später brachte sie einen Sohn zur Welt. Als er schon volljährig war und sich meine persönliche Lage in jeder Hinsicht geändert hatte, habe ich mich einmal nach Asta und ihm erkundigt. Sie waren umgezogen nach Bayern, auch ihre Ehe war nicht glücklich verlaufen und in die Brüche gegangen. Den Sohn habe ich tatsächlich bis heute nicht gesehen.

Als ich das Krankenhaus nach Wochen verlassen konnte, hatte ich noch nicht einmal Geld für eine Busfahrkarte. Ich rief meinen Noch-

Ehemann an und bat ihn, mich abzuholen. Aber er sagte: »Nein, ich möchte nicht, dass du in das Haus zurückkommst.«

Ich entgegnete: »Du wirst es nicht glauben, aber ich wohne auch dort.« Ich wollte mich nicht einfach abfertigen lassen. Ich rief dann Papa an, die Eltern waren ahnungslos. Papa holte mich ab, sprach mit dem Arzt und brachte mich in unser Haus. Während wir noch überlegten, was als Nächstes zu tun ist, sagte Erich: »Ich muss jetzt mal weg, in einer Stunde komme ich zurück, dann bist du hier verschwunden.«

Papa sagte darauf: »Mädchen, ich nehme dich mit zu uns nach Hause. Du hast jetzt Wochen im Krankenhaus gelegen, gegen so viel Frechheit kannst du dich nicht wehren. Wer weiß, wie es das nächste Mal ausgeht. Ich kann nicht immer hier sein, um auf dich aufzupassen.«

Ich widersprach: »Das kann ich nicht, die Kinder.«

Doch er entschied: »Wir nehmen die Kleine sofort mit, die Jungs holen wir, wenn die Ferien anfangen.«

Ich war zu schwach, um einen eigenen Willen zu haben. Ich war wie ein kleines Kind und wollte nur Ruhe und den Schutz der Eltern. Ich kehrte also zu meinen Eltern zurück.

In dieser Situation hätte mein Bruder mir wirklich helfen können, aber er war nicht mehr da. Ich litt unter starken Depressionen, kam noch einmal ins Krankenhaus und bekam Medikamente. Sie wirkten auf die quer- und längsgestreifte Muskulatur und sollten mich ruhigstellen. Es war eine Strapaze, beim Essen aufrecht zu sitzen. Die Sehnsucht nach meinem Bruder war groß, ich wollte sein, wo er war. Ich war hin- und hergerissen, hatte Schuldgefühle den Eltern gegenüber und eines Tages wurde mir dann bewusst, warum ich nach Perugia geschickt worden war. Erich hatte eine sturmfreie Bude für seine angeblichen Überstunden gebraucht. Es dämmerte mir, dass nur einer von meinem Abgang profitieren würde, also beschloss ich, weiter zu überleben. Es war eine gewaltige Anstrengung, ich musste neu lernen zu gehen und zu leben. Menschen, die es gut mit mir meinten, sagten, ich solle unter die Leute gehen, mich nicht vergraben. Meine Versuche, einen anderen Lebenspartner zu finden, waren zu diesem Zeitpunkt verfrüht und falsch. Eine spätere Freundschaft, die sich zu einer langjährigen Fernbeziehung entwickelte, musste ich aufkündigen, er hatte zu viel »Kreide gefressen« und Lügen machten mich krank. Ich hatte in diese Fernbeziehung viel Zeit und Energie eingebracht, seinen Handwerksbetrieb mit Büroarbeiten unterstützt und das alles neben meiner eigenen Dienstzeit in der Verwaltung. Mein Vater war Wilhelm-Busch-Fan und hat oft dessen Worte zitiert: »Dummheit ist eine natürliche Begabung«, was er salopp mit »Gutheit ist Dummheit« abkürzte. Ich war oft dumm, meine Hilfsbereitschaft war mir in die Wiege gelegt worden. Oder war es eine Begabung? Trotzdem: mea culpa, aber ich schlage mir nicht auf die Brust. Ich wusste, helfen kannst du dir nur selbst, du musst arbeiten. Mutti, die Hobbyhistorikerin, wusste: »Schon Karl der Große hat gesagt: erst wissen, dann tun.« Also ich wusste, was mich rettet, ich musste es tun – ARBEITEN. Und es hat geholfen, Carolus hatte recht.

Doch zunächst einmal musste ich mich beim Sozialamt melden, ich war völlig mittellos. Eine kleine Sozialhilfe wurde genehmigt, aber ich musste sie später zurückzahlen. Es passierten so viele Gemeinheiten, die selbst ich mir mit all meiner Fantasie nie hätte vorstellen können. Es war ein Krieg der anderen Art, eben mit Dornen. Die Jungs wurden regelrecht vergiftet, gegen mich aufgehetzt und man spekulierte mit meinem Ableben. Sie weigerten sich, die Schule zu wechseln, wollten in dem schönen neuen Haus bleiben, die Freunde nicht verlieren und glaubten: »Dann fährt der Vati mit uns auch wieder nach Sardinien.« Ich hatte dem nichts entgegenzusetzen, ich hatte nichts anzubieten. Und ob es mir gelingen würde, in den Beruf zurückzukehren, wer wusste das schon?

Meine Kinder sah ich nur noch gelegentlich, ich lief ihnen regelrecht hinterher an ihren Geburtstagen und in der Adventszeit. Wenn die Seele erst einmal vergiftet ist, dauert es lange, bis das Gift wieder abgebaut ist. Zunächst einmal lotste man auch noch die Kleine zurück. Selbst in den Ferien gab es vonseiten des Vaters immer wieder Intrigen, warum die Kinder nicht kommen konnten. Mal waren es die angeblich fehlenden Schlafplätze im Hause meiner Eltern, mal hatten sie schon andere Pläne. Ich war am Ende meiner Lebenskraft und kam erneut ins Krankenhaus. Ich ging durch die Hölle. Eigentlich sollten nur Menschen durch die Hölle gehen, die es verdient haben. Aber warum und wofür ich das verdient hatte, weiß ich nicht. Warum hatte Erich die Tochter überhaupt zurückgeholt? Sie hatte sich schon ein Jahr im Haushalt der Großeltern und in der neuen Schule eingelebt. Da ich mittellos war, musste ich für mich und meine Tochter Sozialhilfe beantragen. Dazu war es erforderlich, dass ich meinen Wohnsitz polizeilich ummeldete, denn wir lebten ja jetzt im elterlichen Haus. Die Sozialhilfe wurde genehmigt. Aber gleichzeitig wurde von mir verlangt, dass ich eine Unterhaltsklage einreiche und auch das Kindergeld, das bisher an den Vater ausgezahlt worden war, direkt beantragte. Um diesen Betrag wurde die Sozialhilfe gekürzt. Ein gleiches Schreiben wurde auch an meinen Rechtsanwalt gerichtet. Die Einwohnermeldeämter, das Sozialamt und die Kindergeldkasse standen in Verbindung, tauschten Veränderungen aus. Und so wurde auch schnell die gehaltsauszahlende Stelle informiert, wie das im öffentlichen Dienst üblich ist. Die Bezüge im öffentlichen Dienst setzten sich aus zwei Summen zusammen: ein Grundgehalt und eine Ortszulage. Die Ortszulage richtet sich nach Familienstand und den im Haushalt lebenden Kindern. Da die Ehefrau mit der Tochter nicht mehr im Haushalt lebte, wurden der Ortszuschlag und das Kindergeld gekürzt und eine Unterhaltsklage wurde eingereicht. Dem Haushaltsvorstand wurde also nach kurzer Zeit weniger Gehalt überwiesen. Rechtfertigte das die Intrige, die Tochter von der Mutter wegzuholen? Den Kontakt praktisch für lange Jahre zu zerstören?

Da Marga sofort nach meinem Weggang ins Haus eingezogen war, berufstätig war und eigene Einkünfte und sogar gute Ersparnisse hatte, die sie einbrachte, hatte sich Erich finanziell verbessert. Aber die andere war nicht abgeschafft und heimliche Treffen kosteten Geld. Er als Spendierhose für Else musste tief in die Taschen greifen. Es dauerte noch einige Jahre, dann brach alles zusammen.

In meinem Leben ist viel zerstört worden: die Kindheit, die Schulzeit, die Berufsausbildung, die Familie und auch die Mutterschaft. Ich war

Mutter von drei Kindern, aber ich hatte keine mehr. In Annabells Zimmer stand ein Alkovenbett in Rot. Lange konnte ich dieses Zimmer im Haus meiner Eltern nicht mehr betreten, das rote Alkovenbett trieb mir die Tränen in die Augen. Sie hat es noch nicht einmal vermisst. Meine Kinder hatten so sogar drei Mütter. Das gab es auch nicht alle Tage.

Im Beruf und Single

Und dann eines Tages hatte ich tatsächlich Glück. Nach mehr als 100 Bewerbungen fand ich eine Stelle in der Verwaltung im öffentlichen Dienst. Ich bildete mir ein, das große Los gezogen zu haben. Ich nahm mir eine Wohnung direkt in der Innenstadt. Der Lärm und der Trubel um mich herum waren in dem Moment genau richtig. Das Alleinsein und die Ruhe in meiner Wohnung empfand ich als Wohltat. Ich war Single und Mutter ohne Kinder. Als Ehefrau war ich nie im Kino gewesen, nie im Museum, Theater oder Konzert, es hatten Geld oder Gelegenheit gefehlt, wie man es nimmt. Diesen Luxus konnte ich mir erst jetzt als Single gelegentlich leisten. Aber ich lebte bescheiden und sparsam, ich sparte für später, hatte Pläne. Mutti kam mich oft besuchen, wir gingen zusammen einkaufen. Regelmäßig besuchte ich Kurse und pflegte freundschaftliche Kontakte.

Meinen Anspruch auf Unterhaltszahlungen durch meinen Ehemann hatte ich noch vor Beendigung meiner Probezeit ruhen lassen, weil ich hoffte, mit den Kindern dann mehr Zeit verbringen zu können, aber ich hatte mich geirrt. Es gibt Menschen, die halten grundsätzlich kein Versprechen ein. Meine Einladungen wurden mit scheinheiligen Argumenten abgetan.

Es waren mehr als fünf Jahre vergangen, die Scheidung rechtskräftig, im Beruf hatte ich mich eingelebt. Da standen eines Tages meine drei Kinder wie ein Wunder von alleine vor der Tür. Das Gift hatte sich abgebaut, ich hatte wieder Kinder. Der Älteste war inzwischen 19, der Jüngere wurde bald 18 und die Kleine war auch nicht mehr klein. Sie erzählten Neuigkeiten, die ich nicht im Traum hätte erahnen können. Mein ehemaliger Ehemann hatte sofort nach der Scheidung wieder geheiratet. Seine zweite Ehefrau wurde Marga, mit der er vier Jahre in wilder Ehe gelebt hatte. Marga brachte alle ihre Ersparnisse und ein Einkommen mit. Für die Kinder waren seine Beweggründe nicht nachvollziehbar, für den Vater war es reines Kalkül. Für Marga begann ein neues Zeitalter, sie fühlte sich als Ehefrau und hatte nun eine Familie. Erich baute sich eine neue Hürde auf, für ihn war Marga nur eine Haushälterin, die er zum damaligen Zeitpunkt gut gebrauchen, sich aber finanziell nicht leisten konnte. Das Ende stand in seinem Kopf schon fest. Ohne dass sie es merkte, betrog er sie während der ganzen Zeit mit genau der gleichen geheimen Geliebten namens Else, mit der er schon in unserer Ehezeit ein Verhältnis hatte. Die zweite Ehefrau erfuhr durch Indiskretion eines Kollegen davon, stellte ihm ein Ultimatum, sich von der Geliebten zu trennen, was er frech ablehnte mit den Worten: »Ich bin kein Mann, der aufrecht unterm Schrank steht«. Darauf drohte sie mit Scheidudng und zog bald aus dem Haus aus. Doch vorher klärte sie noch die Nachbarschaft und die Kinder auf. »Geht zu eurer Mutter«, sagte sie zu den Kindern, und das taten sie dann auch; »ich hatte wieder Kinder«.

Man sollte annehmen, dass ein Mann von über 40 Jahren weiß, was er tut, zumal die zwei jahrelang eine Ehe auf Probe gelebt hatten. Das Chaos war perfekt. Und jetzt wollte Frau Marga sich sogar mit mir aussprechen. Ich verzichtete darauf, eine Aussprache hätte sie sechs Jahre früher suchen sollen. Trotzdem machte Marga noch Jahre später von sich reden, da war sie wieder reingefallen. Sie hatte selbst keine Kinder und die Kinder, bei denen sie mitgeholfen hatte, dass sie sich mir entfremdeten, hatte sie ja zur Mutter zurückgeschickt. Sie hat es sich leicht gemacht. Durch das zweite Scheidungsverfahren musste das schöne Haus verkauft werden, die Kinder verloren ihr Zuhause. Wegen dieses angeblich schönen Hauses hatten sie sich damals für den Verbleib beim Vater entschieden. Ein Hohn! Frau Marga wollte ihr Geld zurück und sie bekam ihr Geld zurück. Auch Marga war nur ausgenutzt worden, aber sie tat mir nicht leid. Ein Glück für sie, dass sie keine Mutter war!

Und wie stolz war Erich gewesen, alleiniger Hausbesitzer zu sein, die Ehefrau, also mich, ausgetrickst zu haben. Wir hatten als Familie ein Haus gekauft, der Staat hatte bei der Finanzierung geholfen, die Ehefrau hatte alle Verpflichtungen mit übernehmen müssen und war nicht ins Grundbuch eingetragen worden. Als ich das damals meiner Schwiegermutter erzählte, sagte sie nur lapidar: »Was willst du denn überhaupt? Du hast ja noch nicht einmal ein eigenes Einkommen.« Nein, ein eigenes Einkommen hatte ich mit drei Kindern nicht. Als es finanziell eng wurde und die ersten Rechnungen nicht bezahlt werden konnten, unterschrieb ich die Finanzierungspapiere; jetzt hatte ich auch noch Schulden bei Banken. Aber das hatte ich ja schon erwähnt. Der Scheidungsrichter konnte der Rechtsauffassung von Schwiegermutter und Erich nicht folgen, wir hatten eine gesetzliche Gütergemeinschaft, ich bekam also meinen Anteil ausgezahlt.

Kurz nach unserem Umzug in das eigene Haus hätte ich sogar eine Halbtagsstelle als Sekretärin in einer Transportfirma bekommen können, von 17 bis 22 Uhr. Da ich kein Auto hatte und auch die Busverbindung sehr ungünstig war, hätte ich mit gut 30 Minuten Fußweg rechnen müssen. Ich bat meinen Ehemann, pünktlich nach Dienstschluss nach Hause zu kommen, um die Kinder zu betreuen, lange allein lassen wollte ich die drei nicht. Aber nein, das ging natürlich nicht, er hatte am Abend immer noch andere Verpflichtungen und so verlor ich die Stelle. Es wäre eine echte Chance gewesen.

So viel Seelenmüll hätte ich gerne meinen Kindern erspart. Wie ein Vater seinen Kindern so etwas antun konnte, war und ist mir unbegreiflich. Innerhalb kürzester Zeit zerbrachen zwei Familien und er fand das auch noch normal. Ein Mensch, der sich scheiden lassen will, denkt nicht an die Folgen, sieht nur sein angeblich neues Glück; reiner Egoismus. Für die, die ausgetauscht werden, bricht eine Welt zusammen. Hat er je an die Seelen seiner Kinder gedacht? Ist ein Vater nicht auch ein Vorbild? Wenn ein Vater die Kinder von der Mutter und den Großeltern fernhält, grenzt das schon an Brutalität. In späteren Jahren profilierte er sich bei Facebook damit, dass ihm die Familie das Wichtigste sei. Das war an Scheinheiligkeit nicht zu überbieten. Die Familie, das wichtigste Fundament, war zerstört. Und seine geschiedene Frau als Frau ohne Gehirn zu bezeichnen, die nie gelernt hätte zu denken und so wertlos war, dass er gezwungen war, sich eine andere zu suchen, war mehr als nur üble Nachrede. Das war krankhafter Geist. Sicher war ihm der Alkohol schon zu oft ins Gehirn gestiegen.

Als Mutti von den Neuigkeiten erfuhr, sagte sie zu mir: »Ella, geh zurück, kümmere dich um die Kinder.« Das lehnte ich sofort ab, ich hatte zu lange nach einer Stelle gesucht, richtig darum gekämpft. Die Stelle hätte ich wieder aufgeben müssen – nein!

Papa mischte sich ein und unterstützte mich: »Das kannst du Ella wirklich nicht zumuten«, sagte er.

Mutti war mir lange böse, aber sie beruhigte sich wieder, als sie sah, dass die Kinder ihren Weg auch alleine fanden. Weihnachten waren wir wieder alle zusammen.

Die Jungs nabelten sich bald ab, suchten sich jeder eine kleine Wohnung, wurden selbständig, standen und blieben an meiner Seite. Wenn Kinder 18 sind und volljährig, dann sind sie noch lange nicht erwachsen, darauf muss man vorbereitet werden. So gab es auch oft Probleme und sie waren unerfahren, manches Loch musste gestopft werden. Da machte es sich bezahlt, dass ich schon immer sparen und rechnen konnte. Oft gab es auch deswegen Differenzen unter den Geschwistern.

Mit Annabelle wollte ich gerne mehr Zeit verbringen, sie war noch so klein. Einmal war ich mit ihr in den Herbstferien auf Mallorca. Das Meer, die Sonne, ein Ausflug in den Tierpark, es gefiel ihr und mir auch. Im nächsten Jahr fuhren wir ins Stubaital und besuchten Meran. Als sie volljährig wurde, fuhr ich mit ihr eine Woche nach Paris. Ich erinnerte mich an die Reise mit meinen Eltern in jungen Jahren. Wir hatten ein volles Programm. Annabelle wollte sogar »Paris von unten« erkunden, aber es hatte über Nacht so stark geregnet, dass die Kanäle zu nass waren, der Weg war versperrt. Ich war darüber gar nicht enttäuscht. Paris von unten – was für eine ausgefallene Idee. Vielleicht extrem? Wir stiegen die Treppen zum Montmartre rauf, wir waren ja noch jung, und besuchten die Basilika Sacré-Cœur. Am Abend wollte sie unbedingt von einem Maler gemalt werden, also saß sie Modell. Das Bild gefiel uns, wir kauften es. Später gefiel es ihr nicht mehr und es hängt heute in meiner Wohnung. Mir gefällt es immer noch. Aber für Annabelle sind diese Erinnerungen alles »alte Kamellen«, Vergangenes ist für sie passé. Mir tut das weh.

Dann wanderten wir durch die Stadt zu Claude Monet im Musée de l'Orangerie und bewunderten die Seerosenbilder – wunderschön! Auf dem Rückweg stellten wir fest, dass es in Paris viele Hunde gibt, wir mussten aufpassen, wo wir hintraten. Hundeköttelstraßen waren das schon nicht mehr, vielmehr Alleen. Hundeköttelstraßen nannte Vater immer die kleinen, engen Gassen in seiner Heimatstadt. Ich musste lachen.

Reisen hätte eine Gemeinsamkeit sein können, doch leider lagen zu viele Steine im Weg, eine Mauer entstand, war belastend, was ich erst spät erkannte. Annabelle war noch immer »vergiftet«. Ich zog mich zurück, konnte es nicht mehr ertragen. Die Lügen und Intrigen des Vaters hat sie bis heute nicht erkannt. Selbst zu ihren Geburtstagen wurde ich nie eingeladen, obwohl ich jahrelang immer eine kleine, besondere Überraschung für sie besorgt habe. Sie nahm gerne, hinterfragt wurde nichts. Ich spendierte ihr den Führerschein, übertrug ihr vor der Hochzeit einen zuteilungsreifen Bausparvertrag und eine größere Summe Bares. Mir war es wichtig, ihr einen guten Start in die Ehe zu ermöglichen, so armselig wie ich sollte sie nicht anfangen. Der Vater hatte für die Tochter noch nicht einmal an eine Aussteuer gedacht. Sein Geschenk waren die Hochzeitsfotos als Bildersammlung zur ewigen Erinnerung an dieses freudige Ereignis. Die Einladung zur Hochzeit habe ich teuer bezahlt. Als Brautmutter auf dem offiziellen Hochzeitsfoto wurde ich schon nicht mehr gebraucht, Else, Papas Traumfrau, war an ihrer Seite. Else wurde zur «Tyche». Von diesem Foto rechts und links die Brauteltern habe ich erst viele Jahre später erfahren anlässlich eines Besuches bei ihrer Schwiegermutter beim Betrachten eines Albums. Eine Fotografin hatte die Hochzeit in Bildern dokumentiert, es war eine Traumhochzeit im großen Stil. Aber glücklich war dieses Traumpaar über das Foto nicht, meine Tochter hatte ein seelisches Problem, fühlte sich schuldig, obwohl sie nicht schuldig war. Das Fotoalbum wurde eine seelische Belastung; darüber reden konnte sie nie. Reden wäre aber besser gewesen.

Erst nach langer »wilder Ehe«, kurz vor Annabells Traumhochzeit und ihrer Verrentung wurde Else Erichs dritte Ehefrau, ihr Lebensabend war gesichert. Und alle fanden das normal, mich hat keiner gefragt. Mein Schwiegersohn meinte Jahre später: »Sie gehört zu unserem Leben.« Und wo war ich? Ausgerechnet diese Frau an Annabelle Seite. Elses eigene Tochter Anke starb bald an Magersucht. Aber sie hatte ja noch eine »zweite Tochter« geschenkt bekommen, meine, die mir immer mehr entfremdet wurde. Ohne Lebenserfahrung und Menschenkenntnis hatte mein Schwiegersohn eine neue Weiche gestellt.

Warum habe ich den Wink meiner Schutzengel nicht verstanden? Ich war zwölf Tage vor der Hochzeit meiner Tochter im Krankenhaus Waldbröl und hatte mich aufgrund der Feier vorzeitig entlassen lassen. Die Ärzte hatten eine Herzinsuffizienz diagnostiziert und mir dringend geraten, noch mindestens eine Woche länger zu bleiben, sie wollten spezielle Untersuchungen machen. Aber bei der Hochzeit wollte ich doch dabei sein. Es war die falsche Entscheidung. Es wäre besser gewesen, ich wäre im Krankenhaus geblieben. Dann wäre mir eine traurige Erkenntnis erspart geblieben.

Auf der Dankeskarte zur Hochzeit meiner Tochter stand:

Die Erfahrung lehrt uns,
dass Liebe nicht darin besteht, dass man einander ansieht,
sondern dass man gemeinsam in gleicher Richtung blickt.«
Antoine de Saint-Exupery

Meine Lebenserkenntnis hingegen besagte: Das Wichtigste ist Ehrlichkeit. Und die habe ich in meiner Ehe immer vermisst und auch später!

Abschied

Ich muss wieder gedanklich zurückgehen: Es war Donnerstag, der 9. Februar, ich war bei einem Kursus und kam spät nach Hause. Auf dem Anrufbeantworter war eine Nachricht: Mutti ist gestorben. Ich nahm sofort ein Taxi und fuhr zu Papa. Als ich ankam, lag Mutti im Wohnzimmer auf dem Teppich. Der Notarzt hatte mehrfach versucht, sie zu reanimieren, vergeblich. Der Hausarzt hatte den Totenschein schon ausgestellt und ein dickes Privathonorar kassiert. Das Bestattungsunternehmen war bereits unterrichtet. Papa saß wie ein Häufchen Elend auf dem Sofa. Muttis Cousine Marion, die in der Nähe wohnte, war da und wir beide haben Mutti dann für den Sarg zurechtgemacht. Ich war Marion dankbar, alleine hätte ich das nicht gekonnt, mir zitterten die Hände, zum Trauern war keine Zeit. Der Sarg wurde gebracht. Wir legten Mutti hinein, der Deckel wurde geschlossen, mein Magen verkrampfte sich, ich musste zur Toilette. Dann wurde der Sarg aus dem Wohnzimmer durch die Diele zur Haustür getragen. Ich ging hinterher. Die Tür stand offen, der Sarg war noch halb im Flur, da fiel plötzlich eine große, schwere Deckenleuchte aus Kristall von der Decke, knapp an meinem Kopf vorbei, und zerbrach vor meinen Augen in tausend Stücke. Sie hätte mir auch auf den Kopf fallen können. Ich war davon überzeugt, dass in diesem Moment die Seele, die Energie, den Körper meiner Mutter verlassen hat und in die Ewigkeit gegangen war. Wir waren alle geschockt.

Warum hatte Mutti überhaupt auf dem Teppich gelegen? Sie war am Nachmittag bei der Nachbarin, Madame Margarethe, zum Kaffee eingeladen gewesen, hatte sich wie immer gut unterhalten und war überrascht, als sie nach Hause kam, dass ihr Willi Kreuzworträtsel löste. Sie sagte: »Warum hast du denn nicht das Fernsehgerät eingeschaltet? Es ist doch Fußball.« Dann fiel sie tot um. Das waren die letzten Worte an ihren Traummann gewesen, mit dem sie 43 Jahre verheiratet war. Nie habe ich zwischen meinen Eltern einen Streit gehört, nie ein böses Wort, und ich hatte sie lange Jahre sehr gut hören können.

Die Beisetzung fand bald statt. Die Eltern hatten sich beide für eine Urnenbeisetzung entschieden und der Bestattungsunternehmer fuhr sofort selbst zum Krematorium und brachte die Urne anschließend zurück. Vater und ich waren so voller Trauer, dass wir eine einfache Beisetzung wählten, wir wollten allein sein. Vater, der so viel erlebt hatte, ging nicht mehr ins Schlafzimmer, er schlief nur noch auf der Couch. Und immer wenn ich ihn aufsuchte, sagte er: »Mutti ruft mich.«

Ich sagte: »Mutti hätte nicht gewollt, dass du dich hängen lässt.« Er war 78 Jahre, wirkte aber jünger und war immer ein guter Hausmann gewesen. Ich dachte, im Schlafzimmer erinnert ihn alles an Mutti, ich werde den Kleiderschrank ordnen. Als ich den Kleiderschrank dann öffnete, fiel mir eine Tragetasche in die Hand. Ich musste unwillkürlich lachen, obwohl mir nicht zum Lachen zumute war. Es war ein Sommerkleid drin, das meine Mutter für einen Urlaub in Italien gekauft und das sie nur einmal angezogen hatte, weil genau dieses Kleid ihr am Markusplatz in Venedig entgegenkam, getragen von einer anderen Frau. Das war zu viel. Sie hat das Kleid danach nie mehr getragen. Wenn Mutti Besorgungen gemacht hatte, hatte sie sich immer chic angezogen und meistens auch eine Kopfbedeckung getragen. Für Kappen und Hüte hatte sie ein Faible. Die schlechte Zeit war ja Gott sei Dank vorbei.

Mutti war in den letzten Jahren sehr krank gewesen, sie hatte Herzkranzgefäßverengungen. Heute würde man einen Bypass setzen, aber damals war man noch nicht so weit. Meine Eltern haben viele Reisen gemacht, besonders in die Berge, den Wilden Kaiser haben sie bewandert. Das konnte ich mir später nicht mehr vorstellen, Mutti und die Berge. Jeder Schritt war für sie eine gewaltige Anstrengung mit Schmerzen gewesen, sie hatte immer ein Spray griffbereit. Ich tröstete mich damit, dass Mutti jetzt ihre Ruhe hatte, keine Schmerzen mehr, für sie war es eine Erlösung gewesen. Ich trauerte leise, nur bei der Beisetzung trug ich einen schwarzen Mantel und Hut.

Die guten Kleidungsstücke spendete ich einer karitativen Einrichtung, Papa war damit einverstanden. Aber im Schlafzimmer schlief er trotzdem nicht mehr, ihm fehlte jeder Lebensmut. Ob er überhaupt noch seine Medikamente nahm? Wahrscheinlich nicht.

Dann verfolgte mich viele Jahre immer wieder ein und derselbe Traum: Mutti kam zurück und hatte nichts mehr zum Anziehen. Im Traum bin ich mit ihr shoppen gegangen. »Das ist etwas für jeden Tag, das ist sehr schön für sonntags, das, wenn es mal richtig warm ist«, sagte ich im Traum. Ich kannte ja ihren Geschmack. Die Zeit heilt Wunden, so sagt man. Aber bei mir heilten sie nur langsam und wenn eine Wunde fast verheilt war, kam eine neue.

Vater dachte nur an Mutti, er war noch nie sehr gesellig gewesen, sie hatten alles gemeinsam gemacht. Seine Blutwerte verschlechterten sich. Papa hatte vor Jahren einen Teil des Magens entfernt bekommen, angeblich hatte er sich in Sibirien eine Magenerkrankung in der Gefangenschaft zugezogen. Es hieß, dass Menschen nach einer solchen Magenoperation im Alter zu viel Eisen im Blut haben. Er hatte dagegen Medikamente, aber Mutti passte ja nicht mehr auf. Nach einem Arztbesuch sollte er sich sofort nach Silvester in eine Klinik begeben, um Blutkonserven zu bekommen. Ich besuchte ihn abends nach Büroschluss im Krankenhaus. Als die neue Blutkonserve angeschlossen werden sollte, habe ich mich verabschiedet, es war 17 Uhr. Um 19 Uhr erhielt ich einen Anruf: »Ihr Vater ist gestorben.«

Ich konnte das nicht glauben. »Wieso, ich war doch noch vor zwei Stunden bei ihm, es ging ihm gut«, sagte ich. Der Arzt sprach von Herzversagen. Das ist es ja eigentlich immer, wenn ein Mensch stirbt, das Herz macht nicht mehr mit, versagt seinen Dienst. Ich ging ins Krankenhaus, es war nur wenige Minuten von mir entfernt. Sie hatten ihn schon in einen kleinen Nebenraum gelegt. Ich konnte nichts mehr sagen, ich saß stumm vor meinem Vater, er hätte ja auch nichts mehr gehört. Ich nahm wortlos Abschied. Er starb nur elf Monate nach Mutti. Wenigstens habe ich von Mutti und Papa Abschied nehmen können, von Tante Emma und Sohni konnte ich das nicht.

Was nun zu regeln war, musste ich alleine regeln. Ich handelte ohne Gefühl, konnte lange noch nicht einmal weinen. Jetzt war er dort, wo er hingewollt hatte, er war bei Mutti, es war sein Wunsch gewesen, so redete ich mir ein. Eine Abordnung des deutschen Afrikakorps legte ein Blumengebinde nieder, auf der Schleife und der Ehrentafel stand: »Ehem. I./AR 190 vorher 361«. Ob Papa sich darüber gefreut hätte? Jetzt war ich wirklich allein. Ich pflegte ihr Grab, manchmal kam Marion mit. Marion war die Nichte von Opa Josef, wir kannten uns seit unserer Kindheit.

Ich musste auch den Haushalt auflösen. Es war schmerzlich, überall waren Erinnerungen. Das Haus wollte ich vermieten, es war noch eine Hypothek abzulösen und die Fahrt für mich zum Büro war von der Stadt aus einfacher. Außerdem bekam ich mehr Miete, als ich für meine Wohnung selbst zahlte. Ich konnte rechnen. Zuerst nahm ich mir Papas Kleiderschrank vor – die vielen Anzüge, Hemden und Krawatten. Papa war immer gut gekleidet aus dem Haus gegangen. Zu jedem Anzug gehörte auch eine Weste oder ein Gilet, was dasselbe ist, nur ein Gilet ist aus besonderem Stoff. Also, Papa, da warst du ganz schön eigen. Und die vielen Krawatten! Da erinnerte ich mich an eine Weiberfastnacht, als Papa sich einen Spaß erlaubt hatte. Im Rheinland ist es Tradition, dass am Donnerstag vor Rosenmontag die Weiberfastnacht gefeiert wird. Männer, die an diesem Tag mit Krawatte aus dem Haus gehen, müssen sich nicht wundern, wenn eine rheinische Karnevalistin mit der Schere in der Hand auf sie zustürzt und kurz entschlossen die Krawatte abschneidet. Das wusste Papa ganz genau, er lebte lange genug im Rheinland. Und genau weil er das wusste, trug er an diesem Tag eine Krawatte, wahrscheinlich eine alte, die ihm nicht mehr gefiel. Er ging ins Kaufhaus, eine Verkäuferin stürzte auf ihn zu und schnitt seine Krawatte ab. Vater beschwerte sich lauthals, was das denn sein soll, die Kunden zu überfallen, das wäre seine beste Krawatte. Die Verkäuferin erklärte: »Ja, wissen Sie denn nicht? Wir sind hier im Rheinland und das ist zur Weiberfastnacht so Tradition.«

Darauf mein Vater: »Natürlich weiß ich, dass wir im Rheinland sind, und ich kenne die Tradition, ich bin ja nicht blöd. Aber was geht das mich an? Ich bin Westfale.« Papa beschwerte sich so laut, dass der Geschäftsführer kam und er sich eine neue Krawatte aussuchen durfte. Er nahm natürlich eine sehr teure. Zu Hause sagte er dann: »Dieses Jahr brauche ich kein SOS, die Krawatte habe ich schon.«

Mutti sagte nur: »Du blamierst die ganze Familie.«

Darauf er mal wieder: »Das würde ich mir nie erlauben, meine Liebe, ohne Scherz, das würde ich mir nie erlauben.«

Und Mutti: »Ja, ja, ich kenne dich.«

Wir lebten zwar im Rheinland, aber Karnevalisten waren wir alle nicht. Mutti sagte immer: »Die Leute im Karneval sind ordinär.«

Und Papa sagte: »Ja, extra-ordinär«, mit einem gewissen Unterton. Papa und seine Sprüche! Die würden jetzt fehlen. Seine Pfeifen hat er nie weggeworfen, jetzt musste ich sie entsorgen. Das tat mir leid.

Den Hausrat habe ich soweit möglich verschenkt, einiges habe ich behalten. Als ich Muttis kleinen Schreibschrank ordnete, war ich doch mehr als erstaunt. Sie hatte wirklich alles verwahrt und in Ehren gehalten: Ihr eigenes Entlassungszeugnis mit sehr guten Noten, Zeugnisse von Sohni und mir, Beurteilungen über mich, Feldpostkarten von Papa aus Russland, Bilder, Briefe und einen kleinen Brief vom Mai 1948 aus dem Weserbergland. Wer war das denn? Ach ja, von Augustine hatte sie oft gesprochen. Und was schreibt sie? Die alte Schrift konnte ich nicht lesen, ich musste raten. Und dann nahm ich den Brief mit zu Dame Gertrud, einer guten Bekannten von Mutti. Sie konnte die Schrift lesen. Das Papier war sehr verwittert, die Schrift teilweise verwischt, der Brief war mit Kopierstift geschrieben. Dort stand: »Liebe Frieda, wie geht es dir und den Kindern? Hast du was von Willi gehört? Uns geht es den Umständen entsprechend. Meine Tochter Hildella hat am 2. April Zwillinge zur Welt gebracht, zwei Knaben, jetzt sind es drei Kinder, meine Enkelin Bärbel hat also noch zwei Brüder. Wir freuen uns, aber die Probleme werden damit nicht weniger, will aber nicht klagen. Es ist alles gut gegangen. Hatte Willi nicht auch am 2. April Geburtstag? Ich wünsche dir sehr, er wird bald aus der Gefangenschaft entlassen. Bertha ist am 5. März gestorben, sie war noch keine 50. Von ihrem Mann weiß man noch nichts. Liebe

Grüße, Deine Augustine. Man müsste mal eine Familienchronik schreiben, denke ich.«

Hildella war die Tochter von Augustine und Onkel Hermann, der 1921 jung mit 26 Jahren nach einem Streit mit Freunden tödlich verletzt wurde. Da war Hildella gerade ein Jahr alt, sie wuchs ohne Vater auf. Hermann war Maler, er hatte im Ersten Weltkrieg gedient und Orden bekommen. Die Zeit nach dem Ersten Weltkrieg war schwierig gewesen, der Ernährer fehlte. Die nachfolgende Hitlerzeit führte alle noch mehr ins Unglück. Hildella war sehr hübsch und verliebte sich in einen Holländer. Sie träumte vom Heiraten und einer Familie in einer besseren Zeit. In Holland war eine deutsche Braut aber nicht erwünscht, der Krieg war noch lange nicht vergessen. Der Holländer hatte andere Ambitionen, ging nach Irland und heiratete eine andere Frau. Hildella zog die drei Kinder mithilfe ihrer Mutter Augustine alleine auf, was nicht einfach war. Dieses Schicksal teilte sie mit vielen anderen Müttern. Heute wäre sie eine alleinerziehende Mutter, gesetzlich geschützt und gestützt. War Hildella jemals glücklich? Ich glaube nicht! Ein Frauenschicksal der besonderen Art.

Den Alterssitz der Eltern hatte ich vermietet und war so zur Hausbesitzerin geworden. Der aufkommende Neid war nicht zu übersehen, dass noch eine Hypothek abzutragen war, war unwichtig. Ich hatte zwei gute Mieter, aber die dritte Mieterin, eine angebliche Akademikerin, war nicht nur eine Betrügerin, sondern auch ein Messie, die viele Jahre ihre Mieten nicht bezahlt und eine Räumungsklage nach der anderen am Hals hatte, im Gefängnis war und alles mit ungedeckten Schecks bezahlte. Ihre Tricks waren legendär. Ich habe ihr mit Rücksicht auf Weihnachten und Neujahr Zeit gelassen und dann gekündigt. Nach nur drei Monaten erkannte ich das Haus nicht wieder. Es war total verdreckt und musste desinfiziert werden. Allein meine Erlebnisse mit dieser Marilu Brych würden ein Buch füllen. Aber auch das ging vorbei.

Ein neuer Mieter zog ein und hat das Haus nach Jahren gekauft. Mit viel Überlegung, Planung und Sparsamkeit gelang es mir, alles zu regeln und für mich selbst später eine Eigentumswohnung zu kaufen. Und ich habe mir sogar ein Gärtchen angelegt, mein Refugium.

Die Dame Gertrud, Freunde nannten sie Truscht, wurde meine mütterliche Freundin, bei ihr holte ich mir so manchen Rat. Der Krieg hatte sie ins Rheinland geführt, ihre Heimat in Königsberg hat sie nie wieder gesehen. Nach dem Tod ihres Mannes, ein Oberst Apotheker, lebte sie allein, Kinder hatten sie nicht. Ich habe sie oft besucht. Als ich ihr einmal erzählte, dass ein Mann, den ich im Café getroffen hatte, von mir wissen wollte, ob ich Oberhemden bügeln könne, meinte sie: »Liebes Kind, wenn ein Mann solche Fragen stellt, muss FRAU immer antworten: ›Das hatte ich bis heute noch nicht nötig.‹ Das habe ich mir sofort gemerkt.

Der Mann hat dann tatsächlich die richtige Frau gefunden und geheiratet. Über das Ereignis wurde in der Zeitung mit Fotoaufnahmen groß berichtet. Viele Jahre später traf ich durch Zufall mit ihr in Berlin zusammen; es war eine Begegnung der besonderen Art.

Seniorin

Wenn mir jemals jemand gesagt hätte, die Zeiten werden auch für dich wieder besser, ich hätte mich umgedreht und wäre gegangen. Besser ist relativ, alles ist relativ. Aber dass sich in Deutschland die Wiedervereinigung Bahn bricht, die Mauer fällt, war eine echte Überraschung und ich habe sehr bedauert, dass die Eltern das nicht mehr miterleben konnten. Sie wären bestimmt noch einmal nach Halle an der Saale, in die Talstraße, gefahren, wo sie ihre erste gemeinsame Wohnung hatten und ich zur Welt gekommen wäre, wenn, ja, wenn diese Geisteskranken die Welt nicht ins Chaos gestürzt hätten. Ihr Wunschtraum für die ferne Zukunft, ein Hausboot auf der Saale, blieb immer nur ein Wunschtraum.

Meine Stellung im Beruf konnte ich festigen und ich habe mich sogar noch einmal verbessert und blieb bis zur Verrentung als Verwaltungsangestellte bei der Regierung. Die letzten Jahre lebte ich in Berlin, es war nicht einfach, das Pendeln kostete viel Kraft. Die Wochenenden brauchte ich für meine Regenerierung. Jede Gelegenheit habe ich genutzt, um Berlin kennenzulernen, den Wiederaufbau, das Berlin von gestern verwandelte sich stetig in das Berlin von heute, eine Metamorphose, die Welt wunderte sich und gratulierte. Vom Dienst musste ich mich mit 65 Jahren verabschieden, das ist gesetzlich so geregelt. Mein Referatsleiter schenkte mir zum Abschied ein Buch von Grazia Deledda, »Marianna Sirca«, das 1915 veröffentlicht wurde. Wer hatte ihn inspiriert? Woher wusste er, dass ich Grazia Deledda verehrte? Das Geschenk war eine echte Überraschung und hat mich sehr gefreut.

Meine »Lebensbehinderung«, Ventilaktionseinschränkung mit Herzbeteiligung, wie mir amtlich bescheinigt wurde, habe ich immer im Auge behalten, bin zur Kur gefahren oder habe Kururlaube gemacht. Mit Ärzten hatte ich oft Probleme. Es kann nicht schaden, seine Krankheit zu kennen. Dazu nur einiges: Als Andenken an eine Reise nach Russland 1993 hatte ich eine sehr unangenehme Infektion der Atemwege mitgebracht, eine eitrige Bronchitis. Ich ging zum Arzt und bat darum, eine Sputumuntersuchung machen zu lassen. Der Arzt, ein Internist, sagte:»Sie haben nur normale Mundbakterien wie alle anderen Menschen auch, das geht vorbei.« Ich wagte dann noch vorzuschlagen, dass er mir Antibiotika verschreibt. Aber der Arzt sagte: »Wir wollen doch nicht mit Kanonen auf Spatzen schießen.«

Gut, ich ging nach Hause. Aber es wurde immer schlimmer. Als Pragmatikerin wusste ich mir zu helfen. Ich spukte in ein kleines Gläschen und ging zur Sprechstunde. »So sieht der Auswurf jetzt aus«, sagte ich.

Die Reaktion: »Oh nein, dann müssen wir doch eine Sputumuntersuchung machen lassen.« Es war Dezember. So eine Untersuchung kostet Zeit, und genau am 24. Dezember erfuhr ich über den Anrufbeantworter, dass ich mir einen sehr problematischen Keim zugezogen hätte, den Problemkeim Pseudomonas. »Gehen Sie noch heute zur Apotheke am Markt, egal wie spät es ist. Dort liegt für Sie ein Medikament bereit. Sie müssen mit der Einnahme sofort anfangen«, so lautete die Anweisung. Ein Glück, dass ich noch einmal in die Wohnung zurückgekommen war. Ich tat wie empfohlen und holte das Medikament ab. Es wurde von der Krankenkasse bezahlt und kostete 284,00 DM. Ich nahm es wie verordnet ein und Anfang Januar ging ich wieder zur Sprechstunde. »Wie geht es denn?«, fragte der Arzt.

»Danke, es geht mir besser, aber ich glaube, es ist noch nicht ganz weg«, antwortete ich.

»Das war das beste Mittel, das wirkt noch nach«, sagte der Arzt.

Da hatte er sich geirrt, der Pseudomonas kam immer wieder zurück und hat mich noch lange begleitet. Ich musste noch öfter Antibiotika nehmen, was meiner Darmflora gar nicht gefiel. Bei einer Urlaubsvertretung suchte ich eine Ärztin auf, die sich auch in der Naturheilkunde auskannte. Sie schwor auf Mutaflor. Damit wurde ich endlich von den zahlreichen Infektionen befreit. Mutaflor habe ich mir gemerkt.

Nach Jahren im Dienst beantragte ich eine Reha. Sie wurde zunächst abgelehnt. Ich legte Widerspruch ein und musste überraschenderweise zum Gutachter. Zuversichtlich nahm ich den Termin wahr, ich hatte nichts zu verbergen. Der Gutachter fragte nach alten Unterlagen zur Operation. Die hatte ich nicht. Die Operation infrage stellen konnte er jedoch nicht, die Narbe und ein genaues Abhorchen sowie eine Röntgenaufnahme lieferten Beweis genug. Er versprach, das Gutachten schnellstens zu schreiben, damit ich noch im Sommer an die Küste fahren könne. Als im September immer noch kein Bescheid vorlag, habe ich daran erinnert, und Tage später wurde mein Widerspruch erneut abgelehnt. Das konnte ich überhaupt nicht verstehen und verlangte von der Bundesversicherungsanstalt für Angestellte umgehend eine Kopie des Gutachterbescheides. Die BfA reagierte sofort. Was hatte der freundliche Gutachter geschrieben? Nach erfolgter Untersuchung und seiner Beurteilung könne durch die beantragte Reha-Maßnahme keine Veränderung des Gesundheitszustandes erzielt werden und darum würde er die Reha auch nicht befürworten. Da alles auf Deutsch geschrieben war und nicht auf Latein, war ich sprachlos. Natürlich konnte durch eine Reha keine Veränderung erzielt werden, die Lunge war weg, aber erholen würde ich mich doch wohl noch dürfen. In diesem Sinne schrieb ich erneut an die BfA und legte nochmals Widerspruch ein. Ich brachte auch zum Ausdruck, dass es mein Wille sei, bis 65 meinen Dienst zu versehen. Eine sofortige Verrentung würde ich nicht anstreben und das würde die BfA auch nur Geld kosten. Die Reha wurde sofort genehmigt. Da es inzwischen Herbst geworden war, wollte ich nicht mehr an die Küste und fuhr in die Berge. Über den Gutachter habe ich mich beschwert und ihn von einem Rechtsanwalt anschreiben lassen. Der Gutachter antwortete lapidar: »Eine falsche Beurteilung hätte er nicht abgegeben.« Ja, ein neuer Mensch würde ich nicht werden.

Ich war in der Schweiz und hatte starken Reizhusten und ein Kratzen im Hals. Ich ging zum Hals-Nasen-Ohrenarzt. In verständlichem Schweizerdeutsch erklärte mir der Arzt: »Sie haben eine Kehlkopfentzündung und eine Entzündung in der Speiseröhre, das ist eine ganz böse Sache.«

Als ich wieder zu Hause war, sagte ich das meinem Hausarzt. Der fragte: »Haben Sie denn Sodbrennen?«

Ich: »Sodbrennen kenne ich nicht.«

Darauf der Arzt: »Ja, dann haben Sie das auch nicht.«

Ich wollte das aber genau wissen, die Worte des Schweizers klangen mir noch in den Ohren. Es sollte eine Magenspiegelung gemacht werden. Der erste Arzt, den ich konsultierte, konnte diese Untersuchung angeblich nicht machen, weil ich so stark hustete, dass der Schlauch immer wieder herausrutschte. Ich ging also zu einem anderen HNO-Arzt. Der bestätigte die Aussagen des Schweizers und ich erklärte ihm die Situation. »Ja, dann gehen Sie jetzt zur Untersuchung in die Poliklinik«, schlug er vor.

In der Poliklinik fragte die Medizinisch-technische Assistentin: »Wollen Sie nicht warten, bis Ihre Erkältung vorbei ist?«

Ich wurde wütend und machte klar: »NEIN, ich bin nicht erkältet, ich bin gerade deswegen hier.«

Die Untersuchung wurde gemacht und bestätigte die Diagnose. Ich hatte vermehrten Gallenfluss, eine Kehlkopfentzündung und eine Entzündung der Speiseröhre besonders im oberen Drittel. Der Arzt sagte: »Da müssen Sie lange Geduld haben, das kann bis zu einem Jahr dauern.« Dann verschrieb er mir ein Medikament. Ich hatte Geduld, der Arzt hat recht behalten. Meine Ernährung habe ich darauf abgestellt. Und bei Erkältung trinke ich jetzt keine heiße Milch mit Honig mehr, denn Süßes fördert den Gallenfluss.

Auch bei Arztwechseln muss man aufpassen. Da mir der Weg zum langjährigen Facharzt für Pulmologie nach dem Wohnungswechsel zu weit war, wechselte ich. Der neue Facharzt steckte mich sofort in die COPD-Schublade. Wer in diesem Programm akkreditiert ist, wird mit Sprays erschlagen. Das zahlt die Kasse und das Programm wird gefördert. Aber wer durch welches Ereignis auch immer eine Lunge entfernt bekommen hat, ist nicht gleich COPDler. Die Sprays brachten mir gar nichts, sie beschleunigten nur meinen Puls. Sauerstoffgehalt und Atmung blieben konstant. Das fiel mir auf, aber ich habe die verordneten Medikamente weiter genommen. Ich wusste nicht, dass die Inhaltsstoffe der Sprays Nebenwirkungen haben, auch auf die Augen. Meine Augen wurden immer schlechter. Ich litt schließlich an einer fortgeschrittenen trockenen altersbedingten Makuladegeneration. Als dieser Facharzt mir nach 15 Jahren bei einem Vorgespräch zu einer geplanten Reise mitteilte, ich hätte gar kein Bronchialasthma, ich hätte Herz-Asthma, war für mich die Zeit gekommen, den Arzt zu wechseln.

Bei einer akuten Erkrankung, Unfall oder Verletzung kann immer geholfen werden. Bei einer chronischen Krankheit ist man ein Leben lang Patient, das kommt von geduldig sein, und als Privatpatient ist man auch Klient. »Kommen Sie in vier Wochen wieder«, sagte der Arzt. Es ist ein Irrglaube, dass Privatpatienten besser behandelt werden, sie müssen nur öfter wiederkommen. Wer will schon seinen Klienten verlieren? Es war und ist mir bewusst, dass man mit einer halben Lunge weniger Sauerstoff aufnimmt und nicht so viel Kraft hat wie mit einer ganzen Lunge. Aber wer gesund lebt, kann damit sogar alt werden.

Doch es gab auch Ärzte, die mir sehr geholfen haben. Ohne die positive Beurteilung zum Beispiel des Amtsarztes, der mich als Facharzt gut kannte, hätte ich meine Stelle in der Verwaltung nicht antreten können. Ich wusste nicht, dass es erforderlich war, vor Aufnahme der Beschäftigung in der Verwaltung eine gesundheitliche Prüfung beim Amtsarzt überstehen zu müssen. Nur mit seinem Okay durfte ich anfangen. Es war mir auch nicht klar, dass ein Amtsarzt die nötige Kompetenz einer Verwaltungsangestellten beurteilen kann, aber es ging wohl nur um »gefährliche Krankheiten, die ansteckend sein könnten«. Vorschrift ist Vorschrift.

Gerne machte ich Kurzurlaub auf Ischia und nutzte die Gelegenheit, Capri und andere Sehenswürdigkeiten zu besuchen. Ich war in Axel Munthes »Villa von San Michele«, das Buch hatte ich gelesen, und dann in Pompeji und Ercolano. So oft hatte ich diese Tragödien im Fernsehen gesehen. Ich konnte mich in das Leben vor über 2000 Jahren gut hineindenken.

Ich lebte als Single insgesamt bescheiden, aber um meine schöne Wohnung wurde ich oft beneidet. Auf ein Auto habe ich verzichtet, ich konnte rechnen, und zu Fuß gehen, das war mein Sport, denn Sport habe ich nie machen können. Selbst schwimmen war zu anstrengend. Gleichzeitig Arme und Beine zu bewegen wie beim Schwimmen war für mich eine zu große Belastung. Nur Fahrradfahren war auch für mich möglich. Beim Fahrradfahren konnte ich die Beine auch mal ausruhen lassen und das Rad rollte trotzdem. Dennoch behauptete mein Noch-Ehemann »im Dornenkrieg«, ich sei im Wintersport gewesen. Ich und Wintersport? Florian Lenz, der Sohn einer befreundeten Familie meiner Eltern, musste im Februar eine Fahrt nach Bayern unternehmen, weil seine krebskranke Mutter dort in einer Privatklinik lag. Beiläufig machte er mir den Vorschlag, ihn auf dieser Fahrt zu begleiten, dann müsse er nicht alleine fahren. Für mich wäre es auch eine Abwechslung und das würde vielleicht meine traurigen Gedanken etwas aufhellen. In den sieben Tagen Aufenthalt bei Verwandten war Florian mit Besuchen in der Klinik, Besprechungen mit Ärzten und der Krankenkasse so beschäftigt, dass noch nicht einmal Zeit für einen Spaziergang im Schnee gewesen wäre. Am Tag vor der Rückfahrt musste dann auch noch der tote Hund, ein Pudel, beigesetzt werden. Die Schwester hatte es nicht übers Herz gebracht, den Hund dem Tierarzt zu überlassen für die übliche Tierkörperbeseitigung. Sie hatte den Pudel in eine Decke gehüllt und auf den Balkon gelegt. Florian, ihr Bruder, musste den Hund dann auf einen Schlitten legen und weit aufs Feld fahren, um ein Grab zu buddeln. Angenehm war das nicht. Ob er dabei auch noch an seine schwer kranke Mutter gedacht hat?

Von meinem noch in Scheidung lebenden Ehemann wurde dann also wegen dieser Reise rund getragen, ich sei im Wintersport gewesen, so krank könne ich also gar nicht sein.

Florian war Beamter in einem Ministerium, er lebte seit Jahren allein und war 16 Jahre älter als ich. Er lud mich einige Male ein. Er machte sich Hoffnung, aber wir waren doch sehr verschieden. Ich hingegen hatte mir Hoffnung gemacht, dass er mir vielleicht bei der Suche nach einer Bürostelle helfen könnte. Der Kontakt bröckelte durch die seelische Belastung wegen der schwer kranken Mutter. Er machte sich rar und wir haben uns nie mehr gesehen. Florian hat das baldige Ableben seiner Mutter nie verkraftet, er nahm eine Überdosis Tabletten. Das erzählte mir seine Schwester anlässlich meines späteren Besuchs über Ostern in Garmisch. Florian war sehr introvertiert gewesen. Es tat mir leid.

Als Hausfrau und Mutter von drei Kindern, später »Leihmutter« hatte ich selbst in den Ferien keine Möglichkeit, meinen anderen Interessen wie Lesen, Schreiben und Museumsbesuchen nachzugehen. Das wurde nun anders. Ich machte einige schöne Studienreisen, an die ich mich gerne erinnere. Aber den ganzen Tag immer nur auszuruhen, ihn zu genießen oder in Cafés zu gehen, lag mir nicht. Es wurde schnell langweilig und darum suchte ich eine Beschäftigung. Schon in meiner Dienstzeit in Berlin hatte ich telefonischen Kontakt zu einem Journalisten gehabt, der während seiner Studienzeit erblindete. Er beendete sein Jurastudium noch und machte seinen Doktor, arbeitete später als Journalist und führte Gespräche mit namhaften Politikern. Er telefonierte oft sehr lange und erzählte mir seine ganze Lebensgeschichte. Ich besuchte ihn einmal privat und habe dabei beschlossen, ihm nach meiner Verrentung bei seiner Arbeit zu helfen. In dieser Branche brauchte man Computer und ohne Sehfähigkeit war das schlecht. Jeden Brief musste er sich vorlesen lassen, E-Mail wäre für ihn hilfreich gewesen, aber sinnlos.

Ich beschloss, ihm nach meiner Rückkehr von einer längeren Reise nach Sardinien meine Idee vorzuschlagen. Wir wünschten uns noch frohe Ostertage. Nach meiner Rückkehr konnte ich ihn telefonisch tagelang nicht erreichen, was mich wunderte. Ich erkundigte mich und erfuhr, dass Dr. Rose einige Tage ins Krankenhaus musste wegen seiner Rückenschmerzen und bald verstarb. Danach hat man dann festgestellt, dass er Metastasen in der Leber hatte! Ich habe ihn nicht lange und gut gekannt, aber es hat mir sehr leid getan.

Der Sommer kam. Das war eine Zeit, die ich immer gerne in der Natur verbrachte, aber trotzdem hatte ich immer noch die Idee im Kopf, eine kleine Beschäftigung zu finden. Auf Umwegen kam ich dann zu einer karitativen Weltorganisation und hatte die Möglichkeit, dort für den

Betriebsrat stundenweise arbeiten zu dürfen. Das war meine Rettung. Das Umfeld gefiel mir und ich lernte motivierte und liebe Menschen kennen. Liebe Menschen gibt es wirklich!

Heutzutage ist es allgemein üblich, dass sich im Kollegenkreis alle mit Du ansprechen. Damit hatte ich anfangs aufgrund meiner konservativen Erziehung ein Problem, aber ich wuchs hinein. Es war eine gute Zeit. Leider merkte ich, dass meine Augen immer schlechter wurden, lesen wurde problematisch und nach sechs Jahren musste ich die Arbeit schweren Herzens aufgeben. Ich war traurig und ich glaube, nicht nur ich. Der Kontakt brach trotzdem nicht ab, gelegentlich sage ich einfach nur Hallo. Ich bin dort gern gesehen.

Ich habe immer meine Ohren und Augen offen gehalten, vieles gehört und noch mehr gesehen. Aber seit einiger Zeit muss ich mich darauf einstellen, dass meine Augen nicht mehr wirklich mitmachen wollen, die altersbedingte Makuladegeneration (AMD) bahnt sich ja schon länger an. Eines Tages werde ich auch meine Niederschrift nicht mehr lesen können. Folge ich Dr. Rose? Meine Erinnerungen werden bleiben:

Die Reise nach Russland im Oktober 1993 war fast schon gewagt, das Land war im Umbruch. Wir standen in Moskau am Moskwa-Ufer, sahen das Weiße Haus brennen und ich habe fotografiert. In Moskau war ich besonders fasziniert von den vielen Kirchen, dem Bolschoi-Theater und der Architektur, aber im Gum-Kaufhaus fand ich nichts, was mir gefallen hätte. In einer Schmuckwerkstatt habe ich einen Bernsteinring gekauft und mit Deutschmark bezahlt. Wann immer ich nach einem Preis gefragt habe, Deutschmark war beliebt. Der Leichnam des 1924 verstorbenen Wladimir Iljitsch Lenin war einbalsamiert worden und konnte im Mausoleum an der Mauer des Kremls besichtigt werden. Die Armee bewacht den Eingang, und nur wer sich würdig auf vorgezeichnetem Weg dem Eingang näherte, durfte eintreten und einmal schweigend um den Sarg herumgehen. Ich dachte im Stillen, dass er aussieht wie aus Plastik.

In dieser großen Weltstadt habe ich kein einziges Parkhaus gesehen und auf den Straßen nur wenige Autos. Außerdem waren die Straßen selbst in und um Moskau herum in einem schlechten Zustand, voller Schlaglöcher.

Vor der Weiterreise nach Sankt Petersburg war ein Zirkusbesuch geplant. Trotz Sperrstunde wurde das Programm durchgezogen. Es begann früher, die Artisten standen in der Manege, auf eine Pause wurde verzichtet und so konnten alle früh genug den Bus besteigen und zum Zug gebracht werden.

Die Weiterreise nach Sankt Petersburg mit dem Zug fand nachts statt. Alle schliefen und sahen nicht die an der Strecke liegenden rückständigen Stationen. Im Winterpalast, der Eremitage, blieb ich einen ganzen Tag, konnte mich nicht sattsehen. Aber erstaunt war ich über die große Armut der einfachen Menschen an den Straßen, die Lebensmittelgeschenke aus dem Westen zum Kauf anboten. Diese Armut lag schon lange hinter mir. Das Bernsteinzimmer im Katharinenpalast in Zharskoje Selo war nur farblich nachgebildet. Eine originalgetreue Nachbildung sollte mit Spenden der Ruhrgas AG geschaffen werden. Wenn es so weit ist, wollte ich noch einmal zurückkommen. Das Versprechen muss ich noch einlösen.

Auch eine Reise nach Ägypten hatte ich mir lange vorgenommen. Ich interessierte mich sehr für die ägyptische Kultur, konnte mich regelrecht dafür begeistern. Im Vorfeld hatte ich mir bereits einige Ausstellungen angesehen, Bücher gelesen und Museen besucht. Als ich zu Weihnachten in Luxor war, traf sich dort die Welt: Zuerst begegneten wir Nicolas Sarkozy und Carla Bruni im Tal der Könige und am nächsten Tag in Karnak Tony Blair mit Ehefrau. Wo so viel Prominenz unterwegs ist, fühlt man sich sicher – überall waren Bodyguards. Trotzdem habe ich die Gräber, Tempel und die Sphinx ausreichend bewundern können. Auf der Fahrt durch die Wüste im Konvoi nach Abu Simbel habe ich einen Sonnenaufgang bewundert und auf der Rückfahrt Fata Morganas gesehen. Im Konvoi fuhren 40 Autobusse geschlossen um 5 Uhr morgens in Luxor los. In jedem Fahrzeug saß ein Uniformierter mit Gewehr und zwischen jedem Autobus fuhr ein PKW. Kein Fahrzeug durfte auf der Strecke anhalten, was auch immer vorfallen würde. Darauf wurden wir hingewiesen. Seit dem Vorfall auf dem Vorplatz zum Tempel der Königin Hatschepsut, bei dem wahllos in die Menge der Touristen geschossen worden war, wurde Sicherheit großgeschrieben. Die Regierung war auf alles vorbereitet. Trotz allem: Ich fand sogar die Wüste schön.

Die Studienreise nach Marokko im Juni war ebenfalls ein Erlebnis. Wir haben alle Königsstädte besucht. In Casablanca steht die Hassan-II.-Moschee, eine der größten Moscheen der Welt. Als »Ungläubige« durften wir sie leider nur von außen sehen, aber ich war trotzdem begeistert. Das Minarett mit 210 Meter Höhe gilt als das höchste Minarett und das höchste religiöse Bauwerk der Welt. Es wurde anlässlich des 60. Geburtstags des ehemaligen marokkanischen Königs Hassan II. erbaut. Und König Hassan grüßte jeden Abend, auf seinem weißen Pferd reitend, sein Volk per Fernsehschirm. Selbst jede Sportveranstaltung begann mit dieser Szene. Seine Königin hatten die Menschen hier noch nie gesehen.

Das Riffgebirge, das Atlas- und Antiatlasgebirge erlebte ich als eine Welt für sich. Alte Speicherburgen, früher Kasbahs, waren zu noblen Hotels oder Restaurants geworden. Die Hotels in den Städten verzauberten mit filigranen Möbeln, Innenausstattung der Wände und Treppen. Ich konnte mich nicht sattsehen.

Meine Studienreise nach Irland über Ostern empfand ich als sehr interessant, sie wäre aber mit Blick auf das Wetter im Sommer besser gewesen. Trotzdem, Irland ist wunderschön, Natur pur. Ich hatte vorher das Buch »Irisches Tagebuch« von Heinrich Böll gelesen, es erschien 1957. Wegen diesem Buch hatte ich mir alles anders vorgestellt und war sehr überrascht. Aber es waren ja nun auch 50 Jahre vergangen. In Irland war im Krieg fast nichts zerstört worden, warum auch, dort war ja keine Industrie. So sind also die alten irischen Häuser sehr gut erhalten geblieben. Und dann die vielen ehemaligen Herrenhäuser, die Castles mit den großen Parkanlagen! Im Kilronan Castel, das heute ein Hotel ist wie viele andere Castles auch, fühlte ich mich in eine andere Zeit versetzt. Ich dachte an Scarlett O'Hara, deren Familie einst zu den vielen

Auswanderern zählte. Sie war zwar nur eine Romanfigur, aber doch sehr authentisch. Mein Zimmer hatte wie zu Fürstenzeiten ein Bett mit zehn Kissen, zwei Ersatzkissen lagen noch im Schrank. Was wäre Irland bloß ohne diese Castles und Parkanlagen? Da kann man durchaus von Metamorphose sprechen.

Wer durch Irland reist, muss nach Schottland. Ich schloss mich also einer Gruppe an und fuhr nach Schottland. Und dort war tatsächlich Sommer, ein Glücksfall – wenn Engel reisen. Die Anreise erfolgte mit der Fähre, von Ostende nach Hull in York. Dann ging es weiter mit dem Bus quer durch Schottland auf den Spuren Maria Stuarts. Die Heide blühte herrlich, das Ungeheuer von Loch Ness schien zu schlafen. Es ist wohl nur eine clevere Erfindung, um Touristen anzulocken. Für einen Besuch in Gretna Green war Zeit eingeplant, wir platzten dort in eine Hochzeit. Das Gretna Green von heute ist ein eleganter beliebter Hochzeitsort und hat nichts mehr mit der Schmiedewerkstatt von einst gemein. Die Leute sind gut betucht und es gibt lange Wartezeiten. Ob die Paare, die hier geheiratet haben, alle glücklich geworden sind? Wer weiß. Jung gefreit, nie gereut – das passt nicht immer.

Die Türkei überraschte mich mehrfach: Ich habe noch nie einen so starken und eisigen Wind mit Schnee erlebt wie in Troja. Es war Januar, die Tage davor auf der Rundreise waren klimatisch angenehm, dann der Wintereinbruch. Wer in Troja ist, will zumindest das Trojanische Pferd fotografieren, aber der Wind haute mich fast um. Nur mit Mühe konnte ich eine Fotoaufnahme für meinen Enkel machen, wobei ein anderer Teilnehmer den Schirm schützend über mich hielt. Ich hatte nicht mit Sonnenschein gerechnet und darum keine Badesachen eingepackt, aber dass es richtig Winter werden würde, hätte ich nicht gedacht. Ich erinnerte mich an das Buch »Wie Heinrich Schliemann sein Troja erfand«. Ob der wohl auch solche Wintertage erlebt hatte? Ich kann mich nicht erinnern, ob davon in seinem Buch etwas steht. Oder? Doch, halt, dort steht: »Auf dem Ida lag schon Schnee.« Die Erben von heute profitieren von seinen Eingebungen.

Beim Haus der Mutter Maria bei Selçuk, nahe der antiken Stadt Ephesos, habe ich aus der Quelle getrunken. Dieser Wallfahrtsort wurde gefunden aufgrund der Visionen von Anna Katharina Emmerick im Jahr 1891. Seitdem haben viele Päpste das Anwesen, ehemals eine Ruine, besucht und die Echtheit bestätigt, zuletzt Papst Benedikt XVI. Auch von den Muslimen wird dieses Haus besucht und verehrt. Die Quelle sprudelt unermüdlich. Ob sie schon zweitausend Jahre lang sprudelt, wusste ich zwar nicht, aber ich glaubte es gerne.

In den ehemaligen griechischen Städte Kleinasiens, der heutigen Türkei, wie Ephesos, Milet und Pergamon, wird der Besucher zurückversetzt in die Antike. Das Pergamonmuseum Berlin habe ich während meiner Berliner Jahre oft besucht und konnte mich nicht sattsehen. Ja, Berlin und die Museumsinsel, ich muss bald noch einmal dorthin.

Dann folgten zwei Erlebnisse der besonderen Art: Wir waren in Bursa und durften die heilige Moschee, die als Museum auch für Touristen freigegeben war, besichtigen. Im Restaurant nebenan war unsere Gruppe angekündigt. Die Männer wollten gerne ein Bier trinken, wurden aber belehrt, dass es in der Nähe der heiligen Moschee ein Alkoholverbot gibt. Mir war das egal, ich war mit Wasser zufrieden. Die Männer fügten sich, es blieb ihnen sowieso nichts anderes übrig. Nach dem Essen blieb noch Zeit, die Füße zu vertreten, und einige gingen in den Andenkenladen auf der anderen Seite – und dort wurde Raki angeboten.

Ich bat den Reiseführer, der sehr gut Deutsch sprach, mir zu erklären, warum hier Raki in landestypischen Flaschen verkauft wurde und im Restaurant Alkohol verboten war. »Die Touristen kaufen so etwas immer gerne«, sagte er lapidar, dann hatte er keine Zeit mehr, musste noch einiges erledigen. Ein Paradox! Manche meinten dann, Raki sei kein Alkohol, Raki sei Medizin. Aha!

Aber unser Reiseführer war ein freundlicher und hilfsbereiter Mann, er gab uns zum Beispiel auch den Rat: »Wenn ihr Postkarten nach Hause schicken wollt, gebt sie einfach im Hotel ab. Das ist einfacher, als bei der Post anzustehen für Briefmarken.« Das tat ich auch. Ich hatte gerade für diese Reise viele Briefumschläge mit Adressaufklebern vorbereitet. Um

Zeit zu sparen, gab ich sie im jeweiligen Hotel ab und zahlte das Porto. Allerdings kam kein einziger Umschlag in Deutschland an. Ich hätte das Orakel von Delphi befragen sollen.

Meine zweite Reise in die Türkei Jahre später im Frühjahr versöhnte mich total. Ich war überwältigt vom Blumenmeer in Istanbul und an den Straßen, insbesondere von den Tulpen in allen Farben. Die »Tulipan« soll Patin des Turbans sein und ist eng mit der Türkei verflochten, sie kam einst aus Asien und ist als eine Berühmtheit heimgekehrt aus dem kalten Holland, so würde ein Poet ihre Reise wohl beschreiben. Dann ging es nach Kappadokien, durch eine uralte Landschaft und das Taurusgebirge. Danach erholte ich mich von der anstrengenden Reise eine Woche lang in einem Strandhotel. Es war ein gutes Hotel, wenn ich es nach der Bar beurteilen würde. Das wollte ich aber nicht. Ein Reisender fragte nach Leepanto-Brandy und war enttäuscht, sein Wunsch konnte nicht erfüllt werden. Warum eigentlich Lepanto? Was war da noch? Ach ja, die Seeschlacht von Lepanto, die die Osmanen verloren. Das war aber auch wirklich taktlos, danach zu fragen.

Ja, es war eine schöne Reise, mir erging es gut. Überhaupt waren es viele schöne Reisen, die ich machte, ans Meer, in die Berge, nach Arabien, durch Europa, durch bella Italia, in die Antike, ich sah Kunst und Mode, erlebte das südliche Ambiente, ein Eldorado für Schöngeister. Ich hätte eine Reisebekanntschaft machen können, aber das habe ich lieber gelassen, denn mit Liebeskummer nach Hause fahren, nein, das konnte ich mir nicht vorstellen. Dann hätte ich auch nicht mehr arbeiten können. Man muss Prioritäten setzen, ich war erwachsen. Nur einmal wäre ich meinem Vorsatz fast untreu geworden. Am zweiten Tag meiner Ankunft auf Ischia sprach mich in einem Eiscafé ein Offizier der italienischen Luftwaffe an. Ein gut aussehender Mann, Pilot, in Mestre stationiert. Die italienische Armee hat auf Ischia eine Kureinrichtung für Offiziere, er wollte vier Wochen bleiben. Ich freute mich, meine Sprachkenntnisse unter Beweis stellen zu können, und hatte gegen einen gemeinsamen Spaziergang nichts einzuwenden. Wir trafen uns täglich. Nach einer Woche machte mir Nando den Vorschlag, samstags die erste Fähre nach Neapel zu nehmen. In Neapel am Hafen wollte er ein Auto mieten und lud mich ein zu einer Fahrt entlang der Küstenstraße, der Amalfitana. In Salerno oder Positano wollten wir übernachten und sonntags wieder nach Ischia zurückkommen. Ich war frei, seit Jahren geschieden, und brauchte niemanden zu fragen. Einen neuen Lebenspartner zu finden, hatte man mir oft genug angeraten. Ich stimmte zu und freute mich.

Am Freitag, dopo cena (nach dem Abendessen), suchte er mich im Hotel auf und wollte mit mir sprechen. Wir gingen in den Hotelgarten, setzten uns auf eine Bank unter einem großen Zitronenbaum. Die Luft war voller Zitronenduft. Er hatte offenbar wenig Zeit und kam gleich auf den Punkt: »Wir können morgen unseren Ausflug nicht machen, meine Frau ist mit den Kindern gekommen.«

Ich sagte nur: »Capisco, bella serata«, und ging ins Hotel zurück. In keinem einzigen Moment hatte ich mich gefragt, ob der Mann verheiratet war. Wie naiv! Zum Glück war die Frau rechtzeitig gekommen und es war nichts »passiert«, ich hatte mir also nichts vorzuwerfen. Aber was wäre gewesen, wenn sie erst einen Tag später angereist wäre? Ich war froh und gleichzeitig geschockt. Ich habe den Mann nie mehr gesehen, die Frau ist wohl während seiner Kur auf Ischia geblieben. So etwas durfte nie mehr vorkommen. Dieser Vorfall wurde meine Richtschnur. Meine Schutzengel hatten aufgepasst. Nie wieder habe ich auf Reisen eine Einladung angenommen, was oft zu hässlichen Spekulationen und Redereien führte.

Als ich in Andalusien war, »hörte« ich meinen Vater singen: »Oh, schöne Isabella von Kastilien, nimm deine ganzen Utensilien und komm zurück zu mir nach Spanien«, ein Lied von 1933. Ob sie wirklich zurückkam? Jedenfalls habe ich viel gesehen, die großen Wein- und Olivenbaumplantagen, die alten Städte, nur Toreros oder Matadores sind mir nicht nachgelaufen. Über das viele Gold und Silber in den Kirchen war ich verwundert, ich bestaunte die Kunst, bewunderte die Handwerker, aber musste das alles sein? Sein musste es damals sicher nicht, aber jetzt ist es da und wir bewundern alle diese Herrlichkeiten, das Weltkulturerbe der UNESCO.

Aber auch Städtereisen in Deutschland habe ich unternommen, besonders die alten historischen Städte waren alle sehenswert. Bei sämtlichen Reisen habe ich zahlreiche Fotos gemacht, die ich gut sortiert habe und mir ansehen will, wenn ich nicht mehr reisen kann. Aber kann ich sie dann noch sehen? Eines Tages? Die Andenken habe ich alle in meine Wohnung integriert.

Diese Reisen waren oft anstrengend und haben mir einiges abverlangt. Ich war immer froh, abends wieder im Hotel zu sein und mich für den nächsten Tag ausruhen zu können. Darum bin ich nach dem Abendessen auch nicht mehr mit den anderen in die Ortschaften gegangen, um mich ins Nachtleben zu stürzen, was immer wieder mit Befremden aufgenommen wurde. Trotzdem war es gut, in einer Gruppe zu reisen, das gab mir eine gewisse Sicherheit. Nicht alle Teilnehmer waren angenehm, aber ich kam dank Tante Emmas Contenance-Empfehlung gut klar: immer nur lächeln und immer vergnügt ...

Fernreisen in die Dritte Welt habe ich nicht gemacht, die langen Flugreisen waren mir zu anstrengend. Ich hatte auch immer Angst, krank zu werden. Und ich habe ein Problem damit, mich von armen Menschen bedienen zu lassen. Ich weiß, es ist ein Widerspruch, ohne die Arbeit im Tourismus hätten diese Menschen ja noch weniger Chancen, ihr Leben zu meistern.

Ich habe viel gesehen, Theater, Konzerte und Museen besucht, aber zum Frauenboxen bin ich nie gegangen, das ist nicht meine Welt. Ins Kino ging ich gelegentlich, dabei interessierte mich die Historie: Gandhi, Lawrence von Arabien, Martin Luther, Anna und der König von Siam. Das Fernsehen ersetzte immer mehr das Kino. Die Sender lassen sich immer mehr Kommissar-Filme, Kochsendungen und Seifenopern einfallen. Wenn ich den Fernseher einschalte, läuft in der Regel ein Krimi oder es wird gekocht. Ich kann kochen und Kohlrabi schmeckt mir heute noch. Haben die keine Ideen mehr? Oder soll das die heutige Regeneration für eine gestresste Bevölkerung sein? Über Geschmack kann man doch streiten!

Eine Reise nach Israel war sehr anstrengend, sie ging fast über meine

Kräfte. Es waren Ende September noch 37 Grad dort. Aber ich sah vieles: Jerusalem, die Altstadt, den Ölberg, den Garten Gethsemane, die Via Dolorosa, die Grabeskirche, die Geburtskirche in Bethlehem. Einige Male dachte ich, dass ich es nicht mehr schaffe, und wurde von fremden Menschen gestützt. Das Ende auf solch einer Reise wäre ein Geschenk.

In der Mariä-Verkündigungs-Kirche in Nazareth musste ich auf der Treppe eine Verschnaufpause einlegen. Eine blonde Pilgerin sah das und kam resolut auf mich zu und sagte: »Davai.« Aha, dachte ich, Russland ist auch hier. Für meine Reise nach Russland vor vielen Jahren hatte ich einige Sätze Russisch gelernt und ein paar Brocken waren hängen geblieben. Sie fasste mich am Arm und führte mich nach oben, wo ein Gottesdienst stattfand. Und ich sagte wie selbstverständlich: »Spasiba, bolchoi spasiba.« Wir kannten uns nicht, aber wir verstanden uns, umarmten uns, gaben uns die Hand und lachten.

In der »deutschen« Erlöserkirche, die am Reformationstag 1898 durch Kaiser Wilhelm II. und Kaiserin Auguste Victoria im Rahmen seiner Palästinareise eingeweiht wurde, kaufte ich einen Anhänger, einen Davidstern mit Kreuz in der Mitte. So einfach ist Verständigung und Miteinander. Ich dachte an meinen Vater, der oft gesagt hat: »Die Bibel ist das interessanteste Buch der Welt.« Ja! Und er sagte auch: »Und die Bibel hat doch recht.« Auch das stimmt. Das Alte und das Neue Testament, da ist sie wieder, die Zahl zwei, eine perfekte Harmonie, gehören zusammen, keine Religion ist sich näher.

Es ging weiter zum Toten Meer, zum See Genezareth, quer durch Israel. In der Festung Masada dachte ich an die vielen Menschen, die sich hier umgebracht hatten und bei der Eroberung umgekommen waren. Ob der Film authentisch war, wird bezweifelt, aber die Zeit für die Menschen damals war in jedem Fall einfach nur schrecklich. Die Hebräer, die Römer, Jesus, die Juden, die ersten Christen – eine Lawine wurde losgetreten.

Beim Besuch von Yad Vashem, der Gedenkstätte der Märtyrer und Helden des Staates Israel im Holocaust, wurde die Gruppe schweigsam. Da wir alle ohne Probleme durch die strengen Kontrollen am Flughafen gekommen waren, konnten wir keine Nazis gewesen sein, wir waren Kinder. Kinder wie die rund 1,5 Millionen Kinder und Jugendlichen, denen in der verdunkelten Halle durch Lichter gedacht wurde. Ich ging durch die dunkle Halle, hielt mich am Handlauf fest, ein Endlosband rief die Namen und Nationalitäten der ermordeten Kinder auf. Es war schockierend zu erfahren, dass wir drei Monate Tag und Nacht in der Halle sein müssten, um alle Namen zu hören. Die Lichter waren für mich wie die Tränen der Kinder, die jetzt als Sterne leuchten. Als ich mich dem Ausgang näherte, hatte ich Tränen in den Augen und setzte meine Sonnenbrille auf. Da war ich nicht die Einzige. Ich dachte: Die Tränen der Kinder fielen wie Tautropfen auf das Land und ließen die Felder blühen für immer.

Im »Garten der Gerechten unter den Völkern« wurden für Retter Plaketten angebracht. Es ist gut zu wissen, dass sich darunter auch über 500 Deutsche befinden, die ihr eigenes Leben in Gefahr brachten, wie zum Beispiel Oskar Schindler und Berthold Beitz.

Am letzten Tag der Reise erhielt ich drei Geschenke: von der Stadt Jerusalem eine Pilgerurkunde, dann eine Bescheinigung, dass ich mit dem Jesusboot gefahren bin, und von einer Dame zum Abschied ein jüdisches Gedicht auf Hebräisch mit deutscher Übersetzung.

Es gibt Freunde und es gibt Freunde.
Es gibt Freunde für täglich
und es gibt Freunde für das Wochenende.
Es gibt Freunde für plötzlich
und es gibt Freunde für immer.
Es gibt Freunde für das Nehmen
und es gibt Freunde für das Geben
und wenn man Glück hat,
gibt es wirkliche Freunde.
(Ein jüdisches Gedicht, Verfasser unbekannt)

Ich reiste noch einmal nach Sardegna, wo ich mit den Kindern die schönste Zeit verlebt hatte. Jetzt sind sie erwachsen, leben ihr eigenes Leben. Das ist der Weltenlauf. Die Ferienwochen in Sardegna mit drei lebhaften Kindern waren für mich keine Erholung gewesen, aber immer wenn es ging, hatte ich die Bücher von Grazia Deledda gelesen, über das einfache und beschwerliche Leben der Sarden im vorigen Jahrhundert. Dafür hatte sie den Nobelpreis für Literatur erhalten. Ich traf alte Freunde, wir hatten uns 30 Jahre nicht gesehen. Den Briefkontakt hatte ich aufgrund der Scheidung nach einiger Zeit eingestellt, ich hatte mich auf das Schreiben nicht mehr konzentrieren können. Aber die Wiedersehensfreude war umso herzlicher, der Kontakt wurde wieder aufgenommen.

Ich besuchte meine Geburtsstadt, das Stadtviertel der Baracken von damals, die es nicht mehr gibt. Von dort aus ging ich noch einmal die alten Wege der Kindheit, zum Kindergarten, zur Schule, die alten Straßen. Und ich fuhr ins Westfälische, meine zweite Heimat, und traf die Cousinen. Ich wanderte durch die alten, engen Straßen. Großvaters Haus gab es nicht mehr. Nur das alte Kopfsteinpflaster hatte man nostalgisch belassen, es erinnerte an die gute alte Zeit. Das Karussell und der Springbrunnen am Königswall – unser Planschbecken – hatten die Zeit ebenfalls nicht überlebt. Die Kriegsspuren waren beseitigt, die Altstadt war nun betont auf Touristen eingestellt, und die, die man verjagt hatte, wurden im Museum geehrt, Stolpersteine dienten als stumme Zeugen der Zeit. Traurig dachte ich an alle Tanten, Onkel, Cousinen und Cousins, die uns schon lange verlassen hatten.

Aber einige lebten auch noch. Die Cousinen Inga, Jette, Hella, Hilde, Moni und Sieglind hatte ich lange nicht gesehen, wir fielen uns in die Arme, waren uns vertraut. Wir holten die alten Fotos heraus und freuten uns wie kleine Kinder. Und da heute jeder Telefon hat, hören wir sogar jetzt öfter unsere Stimmen. Ich war als Gast willkommen und wir waren uns einig: Es ging uns noch nie so gut wie heute. Es war eine Renaissance der besonderen Art. Aber wir waren alle ganz schön alt geworden.

Von meiner Freundin Christa aus der Sanatoriumszeit in Aprath hatte ich am Telefon erfahren, dass sie eine Kur in Wiesbaden machen wollte. Wiesbaden – unsere erste Wohnung. Ich wollte auch noch einmal dorthin. Wir verabredeten uns, zusammen mit dem Zug zu fahren, ich sollte unterwegs zusteigen. Sie gab mir den Zug durch und dann stieg sie doch in einen anderen und ich fuhr ihr praktisch hinterher. Zum Glück kannte ich die Adresse der Klinik, und als ich dort ankam, öffnete sie gerade ihren Koffer. Christa erkannte mich sofort – ich hätte mich kaum verändert. Ich muss zu meiner Schande gestehen, dass ich zweimal hinschauen musste, sie hatte sich figürlich doch sehr verändert. Aber was hieß kaum verändert? Sah ich immer noch krank aus? Ich habe sie eines Tages in ihrem Haus in Essen besucht und auch ihren Mann und Sohn kennengelernt. Wir haben die alten Fotos aus der Sanatoriumszeit herausgesucht und über unsere Erlebnisse dort gesprochen. Wie sehr hat sich die Zeit seit damals doch verändert! Würde man das den kranken Kindern heute noch zumuten? Nein, die Kinder würden rebellieren.

Chronik

Und jetzt musste ich endlich die Familienchronik zu Ende schreiben, ich hatte es mir doch schon lange vorgenommen, seit den 1980er-Jahren, als in unserer Stadt eine Ausstellung geplant war zum Thema »Die Vierzigerjahre – zwischen Kriegsausbruch und Währungsreform«. Das waren meine ersten Jahre auf dieser Welt. Für diese Dokumentation hatte ich auch einige Erinnerungsstücke zur Verfügung gestellt, unter anderem eine Fotografie der Eltern, entstanden in einem Heimaturlaub, mein Vater trug die Uniform des Afrikakorps, und eine Rote-Kreuz-Postkarte, die er aus der Gefangenschaft in Russland nach Hause geschickt hatte. Selbst konnten meine Eltern die Ausstellung nicht mehr sehen, sie waren schon verstorben.

Ich habe mir mit der Chronik viel Zeit gelassen, wie das so ist, wenn man berufstätig ist: Der Geist ist willig, aber das Fleisch ist schwach. So steht es schon in der Bibel und die Bibel muss es wissen. Aber vielleicht sollte es auch so sein, denn den Computer gab es damals noch nicht und der war mir eine große Hilfe. Ich konnte meinen Augen einen Gefallen tun und in großen Lettern schreiben. Tatkräftige Unterstützung bekam ich auch von Jean und Wolf, den Zwillingsbrüdern, von Bärbel, und von Marly mit ihrem unerschöpflichen Erinnerungsvermögen. Marly, Inga und Ulla hatte Oma Ella noch als Säugling auf dem Arm gehabt. Es ist wie ein Wunder, wir treffen zusammen. Die Familien-Diaspora findet zurück, gemeinsame Wurzeln machen es möglich. Viele haben Familiensinn, manche weniger. Wir freuen uns.

Mit Marly hatte ich in den letzten Jahren engeren Kontakt, sie lebte in einer Seniorenwohnanlage in einer kleinen hübschen Wohnung. Seniorenwohnanlagen – auch eine Novität, die wir früher nicht kannten. Das Telefon war ihr Fenster nach draußen, wir haben oft und lange telefoniert. Marly hatte viel Familiensinn und war Mutter eines Sohnes, den sie Wolfhard genannt hatte. Wolfhard war ihr Leben, ohne ihn war

Marly todunglücklich. Und als sie ihn mit der Schwiegertochter teilen musste, saß Wolfhard zwischen zwei Stühlen. War er geschäftlich nicht zu erreichen, war Marly krank, fast depressiv. Rief er an, war sie überglücklich – »Ja, mein Sohn vergisst seine Mutter nicht.« Marly konnte sich auch als ältere Dame noch sehen lassen, hatte Nähen gelernt und war daher modebewusst. Sie war bescheiden und sparsam. Mit Sauerkraut und Kartoffeln war sie selbst im heißen August zufrieden – »Mehr brauche ich nicht.« Ihre große Liebe war Alfred, den sie nie vergessen hat. Ihm zuliebe hatte sie sich fürs Boxen begeistern können und selbst als alte Dame war sie noch Fan von Wladimir und Vitali Klitschko, von denen sie sich einst ein Autogramm geholt hatte, was sie immer in Ehren hielt. Ihr Abschied in einem Sarg, einer »amerikanischen Klappkiste« aus Edelholz mit Beschlägen, kam einer Krönung gleich. Was die Trauergäste nicht sehen konnten: Marly trug auf eigenem Wunsch einen schwarzen Hosenanzug. Ja, sie wusste sich zu kleiden. Marly, was ich dir nie gesagt habe, deine Stimme und manche Worte haben mich an Tante Emma erinnert, Sätze wie »Hallo, mein Schatz« und »Ich habe mich ja so gefreut«. Auch Tante Emma hat sich immer »so gefreut«. Tante Emma war auch ihre Taufpatin. Die Brüder Ricardo und Erhard hatten es mit der großen Schwester nicht immer leicht.

Meine Cousine Bärbel hatte traditionsgemäß drei Vornamen bekommen und war auf die Namen Bärbel, Helene und Augustine getauft worden, worauf sie sehr stolz war. Ihre Großmutter hieß Augustine und wurde so geehrt. Ich nenne meine Cousine Bella. Bella war ein Familienmensch, intelligent, kritisch und doch sensibel, naturverbunden und weltoffen, an Kunst interessiert und belesen, ja, eine richtige Leseratte war sie. Sie war mit krausen dunkelbraunen Haaren auf die Welt gekommen. Ihr Markenzeichen in jungen Jahren war ein Wuschelkopf. Als junge Dame hatte sie eine südländische Ausstrahlung. Sie legte Wert auf gute Kleidung, ihr Haar modern frisiert, die Augen betont. Ihr Auftreten war selbstsicher, sie wusste, was sie wollte, die Welt stand ihr offen, sie hatte Pläne. Obwohl sie hätte studieren können, entschied sie sich für den Beruf der Krankenschwester. Sie war eine gute Krankenschwester, arbeitete in den Heilanstalten Bethel. Dann kam der Alltag, sie wurde Hausfrau und Mutter einer Tochter, fünf Jahre später kam ein Sohn dazu. Ihre ganze Energie steckte sie in die Erziehung der Kinder. Beide Kinder studierten und lebten bald in einer anderen Gedankenwelt. Als Bella Witwe wurde, fiel sie in eine tiefe Depression. Um der Tochter und inzwischen auch den Enkelkindern nahe zu sein, zog sie noch einmal um. Ihr Wunsch nach Nähe und Liebe der Kinder erfüllte sich nicht. Sie blieb allein, lebte sparsam und bescheiden mit einer kleinen Rente, pflegte keine Kontakte mehr. Sie hatte sich verändert, ihr ehemals schönes krauses braunes Haar war glanzlos und mausgrau und wurde einfach mit einer Spange am Hinterkopf zusammengehalten. Wer sie in der ersten Hälfte ihres Lebens gekannt hat, hatte den Eindruck, einer Fremden gegenüberzustehen, sie hatte sich dem Schicksal gebeugt. Bevor sie angeblich an Organversagen starb, hatte sie jahrelang ihre Kinder und Enkelkinder nicht gesehen. Organversagen ist ein anderes Wort für »zerbrochene Seele«. Obwohl Bella zur Beisetzung ihrer Mutter vor vielen Jahren eine Doppelgrabstätte bestellt hatte, verweigerte die Tochter, dass die Urne dort beigesetzt wird, so wie sie auch jeden Abschied hartherzig ablehnte. Sie verfügte rigoros gegen die Bitten der Brüder, die Urne anonym im Meer zu versenken. Mitgefühl war ihr fremd.

Bella und mich verband in den letzten Jahren eine Seelenverwandtschaft. Ich war über ihren Heimgang sehr bestürzt und traurig. Bellas Leben war schicksalhaft gewesen. Ich hätte dankbar sein können, dass Bella ihre ewige Ruhe gefunden hatte, aber ohne Abschied wird es für mich immer ein Trauerspiel sein. Jetzt tröste ich mich damit, dass es genau an ihrem Geburtstag im November den Vergissmeinnicht-Tag gibt, ein Tag, um sich an die Liebsten, die Familie und Freunde zu erinnern. Der Vergissmeinnicht-Tag kann als eine liebe Gelegenheit gesehen werden, wieder in Kontakt zu treten mit Menschen, die in Vergessenheit geraten sind. Ich stelle immer an diesem Tag eine Kerze ans Fenster, die bei ihrem Heimgang nicht brennen durfte. Das war für mich auch eine Erfahrung der modernen Lebensart!

Liebe Bella, leider kann ich dir nicht mehr sagen, dass die Beschreibung, die du mir von deiner Tochter Natalja gegeben hast, zutraf. Liebe konntest du von ihr wirklich nicht erwarten. Ich kann deine Tränen »fühlen«. Deiner Idee, am 18. März und am 25. Januar Oma Ella zu gedenken, werde ich folgen, das sind unsere Ella-Gedenk-Tage mit Tee und einer brennenden Kerze. Da haben wir für immer etwas Gemeinsames.

Marly hatte auch kastanienbraune Haare, die zuletzt weiß waren und hochgesteckt wurden. Inga war hübsch mit ihren braunen Haaren und langen Zöpfen, Gudrun war hübsch mit ihren blonden Haaren und den blaugrauen Augen von Opa Ferdi. Und sie hatten alle einen gewissen Charme und Chic. Noch heute sehe ich in Gedanken Ruth und Hannelore, Ruth kastanienbraun, Hannelore blond.

Und wie war es den Cousinen in all den Jahren ergangen? Die Kindheit war vorüber. Es gab viel zu erzählen. Die lange Zeit der beruflichen Verwirklichungen und Familiengründungen hatten uns keinen Raum für enge Kontakte gelassen. Jeder hatte zuerst an sich gedacht, unsere Kinder sollten es einmal besser haben. Einige waren damit rundum zufrieden, andere weniger. Und unsere Kinder hatten es besser, viel besser sogar. Sie lebten einen neuen Stil und machten, was sie wollten, verwirklichten Hobby und Reisen, die großen Träume.

Viele Hochzeiten wurden gefeiert, Kinder wurden geboren. Großfamilien wie zu Kaisers Zeiten gab es nicht mehr, sie waren nicht mehr zeitgemäß. Eine Familie mit drei Kindern galt schon als kinderreich! Reich waren die aber deswegen noch lange nicht.

Cousine Jette hatte eine Ausbildung als Fachverkäuferin in einem Sportgeschäft gemacht. Sie heiratete ihren Traummann, den Sohn eines Landwirts mit Hof. Er blieb sein Leben lang Landmann, Jette aber wurde nie Landfrau. Das führte oft zu Konflikten. Sie hatten einen Sohn und eine Tochter. Als alte Frau hat sie mich mit ihrem Verhalten oft enttäuscht. Sie erzählte von früheren Ereignissen und ließ die eine oder andere Episode weg oder setzte etwas dazu, sodass ein ganz anderer Sinn entstand. Das brachte Steine ins Rollen. Es machte mich traurig, meine Wahrheitsliebe war gestört.

Hilli ging zur Diakonie. Sie heiratete standesgemäß in Weiß und bekam zwei Söhne. Ihr Mann sprach öfter dem Alkohol zu, was die Familie belastete. Als er schwer krank wurde, pflegte sie ihn aufopferungsvoll bis zu seinem Ende. Hilli führte ein schönes Haus mit Garten. Sie liebte edles Mobiliar aus der Jahrhundertwende.

Sieglind war Schneiderin. Sie heiratete jung und bekam zwei Söhne. Nach dem Tod des Vaters zog sie mit ihrer Familie in das elterliche Haus und pflegte die Mutter, die sehr alt wurde. Das alte Fachwerkhaus verwandelte sie im Laufe der Jahre mit viel Geschick in ein Schmuckstück. Die Einrichtung war modern und elegant. Sie liebte es, Kristall zu sammeln, was sie gerne im Haus dekorierte. Ihre zwei Söhne machten sie zur jungen Mutter, jungen Großmutter und jungen Urgroßmutter. Ihre Ehe war glücklich. Sieglind hatte das Glück gehabt, in jungen Jahren den richtigen Mann zu finden. Das hat sie allen anderen voraus.

Moni wurde Friseurin und eine »Frau von«. Sie hatte zwei Söhne und lebte im fürstlichen Bückeburg, wo sie einen Friseursalon führte. Ihre ältere Schwester Ulla wurde Arzthelferin und erst spät Mutter einer Tochter, worauf sie sehr stolz war. Die Brüder von Ulla und Moni, meine Cousins Horst, Hans-Lothar, Klaus und Dieter, starben in jüngeren Jahren. Ich habe sie nie wiedergesehen.

Inga, Gudrun und Raul hatten noch eine kleine Schwester bekommen, Krimhild. Tante Rike hatte nach dem Krieg einen neuen Lebenspartner gefunden, einen Vater für ihre drei Kinder, den sie heiraten wollte. Der Mann war als Flüchtling in die Stadt gekommen und hatte geglaubt, seine ganze Familie sei in den Kriegswirren umgekommen. Er wohnte bei ihr. Als Tante Rike schwanger war, brauchte er Papiere, sie wollten heiraten. Mithilfe des Roten-Kreuz-Suchdienstes wurde dann die vermisste Familie gefunden, die im Osten eine neue Heimat gefunden hatte. Der Mann besuchte seine ursprüngliche Familie und blieb dort. Jetzt war Tante Rike wieder allein und hatte noch ein Kind mehr. Krimi wurde unser Liebling, sie war bildhübsch und intelligent. Leider verstarb sie jung an Krebs.

Ich ließ mein Leben Revue passieren – und wie der Arzt immer gesagt hatte: Ich konnte alles, was andere auch konnten. Ich habe drei Kinder und drei Enkelsöhne, ich habe meine Pflicht getan, ich habe mich bemüht. Von Mutter und Vizemutter, Tante Emma, hatte ich viel gelernt. Ob ich immer alles richtig gemacht habe, weiß ich nicht, aber ganz sicher habe ich einen Schutzengel gehabt.

Den Rest des Lebens verschob ich, a domani, es war noch Zeit. Und wenn tatsächlich eines Tages das Beamen erfunden werden würde, ich würde mich beamen lassen zu Oma Ella. Ich würde ihr sagen, dass ich ihre Gene und ihren Namen trage, ich gerne ihre Enkelin bin, dass ich gut in ihrem Bett mit den Rosenblüten geschlafen und stolz ihre Aquamarinohrringe getragen habe. Und ich würde ihr sagen, dass es im Januar 1935 ihr Glück war, die Kellerstiege herunterzufallen, kein Pech; das Schicksal hatte Regie geführt. Und nicht nur ihr war damit viel Schlimmeres erspart geblieben. Die jüdische Geschichte, die mosaischen Sitten und Gebräuche sind uns vertraut. Wir reden von Oma Ella, sie ist nicht vergessen.

Und ich würde ihr auch sagen, dass sie auf Richard stolz sein kann. Er hat das Kriegsende nicht mehr erlebt, starb im Februar 1944 nach schwerer Krankheit angeblich im Lazarett, nachdem er monatelang in Germersheim im Gefängnis gesessen hatte. Aber er war einer, der sich nie profiliert hat. Sein Grab befindet sich auf dem Ehrenfriedhof in Heidelberg. Seine Enkelin Isa kann sich an das erinnern, was Veronika von ihm erzählt hat. Ein Foto in Marineuniform, an der Hand ein Siegelring, stand immer auf der Vitrine. Und niemand aus der Familie war in der Partei, darauf waren wir stolz. Aber wie enttäuscht müssen all die Mitmenschen gewesen sein, die an den Führer geglaubt hatten, den Karren aus dem Dreck ziehen, die Trümmer wegräumen und die Schuld mittragen mussten. Tun sie mir leid? Die Kinder schon!

Für unsere Großfamilie hätten die Nazis schon einen Extrawagon anhängen müssen. Sie war zwar stark geschrumpft, aber wir waren immer noch da, wir redeten mit. Reinrassig arisch sind wir nicht, aber sehr deutschstämmig – deutschblütig. Und sollte ich eines Tages doch noch Uroma werden oder vielleicht Taufpatin, das Mädchen soll Ella heißen, eine weitere Emma.

Als Autorin

Und auch mein Bruder wurde nicht vergessen. Für mich lebt er noch immer, er steht lachend neben mir. Ich habe den langen Weg ohne ihn geschafft, aber mit ihm wäre es schöner gewesen. Gedanken an ihn treiben mir oft Tränen in die Augen. Ich schrieb Trauergedichte, die ich in einem Büchlein veröffentlichen wollte unter dem Titel »Abschiednehmen im Wandel der Zeit« (ISBN: 3000530800, EAN: 9783000530807). Es war Abschied in Liebe bis ans Ende aller Tage! Als Widmung schrieb ich: Erinnerung ist ein Geschenk, ein Geschenk der Nähe in Liebe bis ans Ende aller Tage.

Vergessen ist nicht einfach. Vieles kann man überleben, aber vergessen? Lernt man nicht auch dadurch?

Und jetzt wollte ich auch Tante Emmas Idee, ein Buch zu schreiben, umsetzen. Es war sicher von ihr nicht ernst gemeint, damals, sie hat mich vermutlich nur trösten wollen. Aber jetzt wollte ich meine Gedichte, Sprüche und Lebensweisheiten, von denen ich viele hatte, in einem Gedichtband mit kleiner Auflage veröffentlichen, mit eigenen Fotografien von mir. Schon in meiner Kindheit war der folgende Titel mein Lieblingstitel: »Poesie für jeden Tag«, angelehnt an Goethes Spruch, den Tante Emma mir einst ins Poesiealbum schrieb. Ich wählte dann den Titel »Quelle der Liebe – Quelle der Fantasie« (ISBN: 978-3-938113-46-2). Und wie ein kleines Kind war ich stolz! Aber dann erlebte ich eine böse Überraschung. Da ich mit der Thematik einer Veröffentlichung keine Erfahrung hatte, suchte ich einen Verlag in der Nähe. Die Produktion wollte und sollte ich selbst übernehmen. Es war ja schon immer so: Wer sich den Spielmann mietet, muss ihn bezahlen. Das wusste ich, aber ich dachte auch, ich bekäme ein schönes Buch. Das Buch wurde lange vor dem vereinbarten Erscheinungstermin ohne mein Wissen in den Verkauf gebracht und hatte viele Mängel, ein Mängelexemplar also. Der Verlag hatte schlechte Arbeit geleistet, es gab Fehler und die Seitenränder stimmten nicht überein. Ich bekam fast einen Herzinfarkt, wollte die Herausgabe stoppen und sofort eine Neuauflage machen. Der Verlag sperrte sich und ich dachte an mein Nervenkostüm, sodass ich schließlich dem Verkauf zustimmte. Insgeheim dachte ich, die Leser würden es sofort wieder an den Verlag zurückschicken. Aber überraschenderweise verkaufte sich das Buch doch gut.

Mein erstes Buch wurde also ein »Mängelexemplar«. Ich hätte es besser kontrollieren müssen. Das sollte mir nie wieder passieren. Die Überraschungen des Lebens sind nicht immer schön, aber immer überraschend. Ein Spruch von mir, wie wahr!

Trotz allem fand ich durch dieses »verunglückte Buch« Freundschaften und wurde sogar eingeladen, unter anderem nach Österreich. Werbung der besonderen Art?

Meine Augen wurden nun langsam immer schlechter und ich plante eine Neu- oder Zweitauflage. Aber wie lange machten meine Augen das noch mit? Jetzt war der Computer meine wichtigste Hilfskraft, ich schrieb GANZ GROSSE BUCHSTABEN. Und ich suchte mir einen anderen Verlag. Ich hoffte, diesmal Glück zu haben, dass meine Schutzengel auf der Hut sind.

Begegnungen

Wenn eine Frau betrogen und ausgetauscht wird und es zwangsweise zur Scheidung kommt, sollte sie am besten taub werden. Die vielen Sticheleien, Spekulationen und guten Ratschläge sind kaum zu ertragen. Jeder mischt sich ein, meint es ja nur gut. Es ist allgemein bekannt: Bekommt der Ehemann von seiner Frau nicht das, was er braucht, dann sucht er sich eben eine andere. Und ist die andere dann auch noch jung, ist die Sache klar. Es kann nur um Sex gehen. Sex – das große Zauberwort. Was denn sonst? Es geht um Sex und nicht um Liebe. Wer an Liebe glaubt, ist naiv.

Ich erinnerte mich: Das Scheidungsverfahren lief schon eineinhalb Jahre und es kam zu einem Gerichtstermin in Düsseldorf. Meine Mutter wollte mich nicht allein lassen und kam mit. Wir saßen im Flur auf einer unbequemen Bank. Plötzlich kam eine Frau mit meinen Kindern an der Hand den Gang entlang. Mutti fragte: »Wer ist das denn?«

Spontan antwortete ich: »Das ist sie.«

Meine Mutter konnte das nicht glauben. »Was? Das ist doch eine alte Frau. Ich dachte, er hätte sich ein junges Mädchen gesucht!«

Nun war ich überrascht. Was hatte meine Mutter da für Gedanken im Kopf? Ich kannte diese Frau auch nicht, hatte sie noch nie gesehen, aber es konnte nur Marga sein, die derzeitige Lebensgefährtin meines in Scheidung lebenden Ehemannes. Eine junge Schönheit war Marga mit ihren mindestens 42 Jahren nicht, und dass sie Ersparnisse hatte, konnte ich nicht wissen.

Fortan war Mutter dann der Meinung, dass mir die Arbeit mit den Kindern, Haushalt und Garten zu viel gewesen sein musste. »Warum hast du uns denn nichts gesagt? Wir hätten dir doch geholfen«, sagte sie immer wieder. Ich habe nichts dazu gesagt, denn wie sollte ich erklären, dass nicht alle Ehemänner treu sind, dass Erich einfach der falsche Ehemann gewesen war?

Mein Vater meinte dann oft: »Der war einfach nur von Anfang an ein falscher Groschen.«

Dass wir uns einst ein Versprechen gegeben hatten, in guten wie in schlechten Tagen, eine Familie gegründet hatten, dass ich den Beruf für die Kindererziehung aufgegeben hatte, wer dachte noch daran? Was eine Frau in einer Ehe brauchte, war unwichtig. Für mich zerbrach damals eine Welt. Nahestehende meinten: »Du wirst schon wieder einen Mann finden, so wie du aussiehst, du bist ja noch jung.« Aber ich wollte nicht einfach nur einen Mann finden, der mich als Frau ernährte, ich suchte Vertrauen und Harmonie, mein Seelenleben war zerstört. Und wie reagiert ein Kind in solchen Fällen auf den neuen Partner? Das musste ich erst einmal abwarten, ein Kind entscheidet mit. Mag der Mann Kinder, wäre das schon ein Gewinn. Aber mag das Kind auch den neuen Mann an Mutters Seite? Auch das musste abgewartet werden. Eine Mutter steht schnell zwischen zwei Stühlen, sie will alles richtig machen. Das Kind soll es ja gut haben, an sich denkt sie zuletzt, macht Zugeständnisse. Ich gehörte zu diesen Frauen, die zu sehr Mutter waren, Typ ISFJ, Mutter Theresa.

Liebe Mitmenschen, die es besonders gut meinten, luden mich zu Festlichkeiten ein und rein zufällig befand sich dann ein Gast darunter, der auch alleinstehend war. Wir saßen sogar nebeneinander, aber es funkte nicht. Ich passte mich an und dachte: Gut, vielleicht haben die anderen ja recht, ich muss unter Leute gehen, so geht das nicht weiter.

Und dann begegnete ich auf der Rückfahrt von einem Vorstellungsgespräch in Köln einem gutaussehenden Bankangestellten, Albert Wolf, der nach seiner Scheidung auch allein lebte und nach Bad Honnef gezogen war. Wir unterhielten uns, tauschten die Telefonnummern aus. Mit der Arbeitsstelle hat es dann allerdings nicht geklappt. Beim ersten Telefonat lud er mich zu einem Besuch in Bad Honnef ein, wir wollten einen Spaziergang machen am Rhein. Bad Honnef gefiel mir. Beim nächsten Treffen nahm ich Annabelle mit. Wir fuhren mit der Straßenbahn entlang der Promenade in Königswinter. Als Annabelle die dort beschnittenen Kopfweiden sah, sagte sie: »Sind das hier lustige Bäume, da wachsen die Wurzeln in den Himmel.« Sie freute sich, ich musste lachen. Manche Kinderworte vergisst man nie.

Mit Annabelle ging ich einmal in der Woche zur VHS, wir besuchten den Kursus »Englisch für Mutter und Kind«. Dort traf sie mit Kindern verschiedener Nationen zusammen, auch aus Afrika. Das machte ihr Spaß. Sind das auch nur alte Kamellen?

Annabelle war gerade acht Jahre alt, als sie aus der Schule kam und die Frage stellte: »Wenn man sich verloben will, braucht man dann eine Genehmigung?« Mit acht Jahren hatte ich solche Gedanken bestimmt nicht.

Ich komme zurück auf Albert Wolf. Die Wege vom Rhein rauf in die Ortschaft sind nicht immer eben. Seit Tagen quälte mich eine leichte Bronchitis und ich blieb einen Moment stehen. »Geht es dir nicht gut?«, fragte er.

Ich antwortete: »Doch, aber dieser Weg ist ein wenig steil, da gehe ich lieber etwas langsamer.« Und ohne mir der Gefahr bewusst zu sein, dass ich bald nicht mehr auf der Auswahlliste stehen könnte, erzählte ich von meiner Operation als Kind mit acht Jahren. Er war besorgt und bedauerte das alles und erklärte mir, dass es in Bad Honnef auch eine Lungenklinik gegeben habe, in Hohenhonnef. Er brachte mich zur Bahnstation und versprach, mich anzurufen. Er rief aber nicht an. Ich dachte, dass er sicher viel Arbeit in der Bank hat, und schrieb ihm liebe Grüße und dass ich mich über den Spaziergang mit ihm gefreut hätte.

Nach 14 Tagen bekam ich eine Briefkarte, darin teilte er mir mit, dass er für sich mehr Zeit brauchen würde und erst einmal seine eigene Scheidung verarbeiten müsse und für sich zunächst keine Beziehung suche. Er sei einfach zu früh gestartet. Aber mir wünsche er wirklich von ganzem Herzen Glück. Albert hat sich nie mehr gemeldet. Viel Glück konnte ich brauchen. Die Operation in meiner Kindheit hätte ich nicht erwähnen dürfen. Aber ich hätte immer eine offene Frage gehabt: Was ist, wenn er davon erfährt? Eine kranke Frau, das wäre ja noch schöner!

Ich studierte die Tageszeitungen nach Arbeitsstellen, schrieb eine Bewerbung nach der anderen, vergeblich. Zufällig fiel mir dabei die eine oder andere Kontaktanzeige auf. Sollte ich oder sollte ich nicht? Die heute so beliebten Communities im Internet gab es noch nicht.

Viele ließen auch alle persönlichen Daten offen und schickten nur eine Telefonnummer. Auf eine solche Telefonnummer habe ich mich einmal nach langer Überlegung gemeldet und es war eine Pleite der besonderen Art. Der Aspirant hatte sich am Telefon als Akademiker vorgestellt, was er natürlich nicht war, höchstens von eigenen Gnaden. Er war mit 40 Jahren Frührentner und psychisch krank. Der vermeintliche Akademiker litt unter Waschzwang und Berührungsängsten und war tablettenabhängig. Ich merkte das bald und zog mich zurück.

Welchen seltsamen Umständen es zu verdanken war, dass sich Marga und dieser Akademiker von eigenen Gnaden, der sich Pierre nannte, kennenlernten, weiß ich nicht, aber sie zogen zusammen und führten viele Jahre eine moderne, eheähnliche Partnerschaft, wie es heute üblich und auch gesetzlich erlaubt ist.

Aufgrund seiner psychischen Probleme zogen sie öfter um, er fühlte sich nirgends wirklich wohl. Während Marga tagsüber ihren beruflichen Verpflichtung nachging, machte er mit ihrem PKW Ausflüge. Dass der Tank immer sehr schnell leer war, hat sie nie hinterfragt. Bei der Rückkehr von einer Fahrt aus Bad Honnef, wo er seit Jahren ein Pseudo-Postfach unterhielt, kam er dann einmal in einen Stau, war zeitlich spät dran, fühlte sich dann wohl wie Caracciola und gab Gas. Dann nahm er in Kaiserswerth einer Frau die Vorfahrt und es krachte. Die Polizei nahm den Vorfall auf, der Schaden war beträchtlich und als Halterin des Fahrzeugs musste Frau Marga bezahlen. Das war das Ende der Beziehung, man trennte sich. Fortan wechselte er die Wohnungen noch öfter und zog von Düsseldorf nach Bonn, dann nach Bad Honnef und wieder zurück.

Irgendwann wurde Pierre, der gerade wieder in Düsseldorf wohnte und keine Kontakte hatte, tot in seiner Wohnung aufgefunden. Die Nachbarn hatten sich seit Tagen über einen üblen Geruch im Hausflur gewundert und den Hausmeister gerufen. Der Hausmeister ließ die Tür öffnen. Aufgrund eines Kassenzettels konnte man den Zeitpunkt des Todes feststellen. Er war wohl einem Herzinfarkt erlegen. Pseudologen spielen ihre Rollen oft perfekt, sogar perfekter als Schauspieler. Durch Telefonate mit Marga sind mir diese Ereignisse bekannt, sie hätte sich gerne mit mir ausgesprochen; nur den passenden Zeitpunkt hatte sie leider versäumt. Frau Marga fand noch für kurze Zeit einen anderen Ehemann und starb schließlich an Brustkrebs.

Ich antwortete auf die eine oder andere Anzeige, die mir sympathisch erschien. Aber Papier hält still. Die folgenden Telefonate waren schon weniger sympathisch. Ein Herr schlug zum Beispiel das erste Treffen in einer Sauna vor. Ich fragte, warum in einer Sauna, warum nicht in einem Café? Und er sagte: »Nein, meine Dame, wenn wir uns in einem Café treffen, dann haben Sie sicher Ihren Pelzmantel an und ich kann Ihre Figur nicht sehen.«

Aha, dachte ich und sagte darauf: »Lieber Herr XY, Sie werden sicher bald die Richtige finden, aber ich bin das nicht.«

Darauf er entrüstet: »Was, Sie wollen mich nicht kennenlernen?«

Und ich entgegnete: »Sie sagen es!«

Reisebegleitung oder Mitreisende wurden auch gesucht. Spontan dachte ich, versuchen kann man das ja mal, und ich schrieb. Es meldete sich ein »sportlicher Herr« und bat um ein Treffen in einem Park. Na ja, das Wetter war schön. Er brachte für die von ihm schon gebuchte Busreise nach Spanien in die Provinz Girona alle Unterlagen mit und schlug vor, dass ich auch solch eine Reise buchen sollte, damit man – und da war er überzeugend – nicht allein reisen müsse. Auf den Einzelzimmerzuschlag könnten wir ja verzichten, damit wir das Geld dann für etwas anderes ausgeben können.

Aha! Ich hörte mir alles höflich an und antwortete schließlich: »Ja, wenn man mit dem Bus reist, hat man doch schon von Anfang an Kontakte und ist nicht allein.«

»Das stimmt«, antwortete er nun aufgebracht, »aber ich habe solche Fahrten schon öfter gemacht und da waren fast nur Alte an Bord. Und was soll ich mit einer alten Frau?«

Ich war verwirrt. Ging es jetzt um die Reise oder ging es um die Frau? Ich antwortete höflich: »Die Provinz Girona kenne ich schon und eine Busreise ist mir doch zu anstrengend. Aber Sie werden sicher bald die Richtige finden.«

In der Nähe stand sein Fahrrad, das war wohl sein Sport. Ich musste ihn enttäuschen, den Cappuccino hätte ich auch selbst bezahlt. Jugendlich war er auch nicht mehr.

Ich war optimistisch und dachte, wer nicht wagt, der nicht gewinnt, und startete den zweiten Versuch. Es wurde eine Reisebegleitung über Weihnachten und Neujahr auf die Kanaren gesucht. Da war ich noch nie, ich wagte es und schrieb, aber ohne Adresse, nur mit Telefonnummer. Es meldete sich ein Geschäftsmann aus Köln, der die Kanaren gut kannte. Wir telefonierten einige Male. Mitte Dezember sagte er dann: »Ich habe mir die Wetterkarte genau angesehen, die Wetterlage ist in diesem Jahr auch auf den Kanaren nicht gut, ich habe umgebucht, wir machen eine Kreuzfahrt in die Karibik.«

Ich war wieder überrascht. »In die Karibik? Dann muss ich aber mehr Gepäck mitnehmen.«

»Das ist kein Problem, gnädige Frau, und wenn Sie noch etwas Schickes für die Feiertage brauchen, ich stelle Ihnen zweitausend Markt zur Verfügung«, sagte er darauf.

Jetzt war ich fast sprachlos und da ich den Herrn noch nie gesehen hatte auch neugierig. »Sie sind sehr großzügig, Herr XY, aber ich habe genug Schickes. Diese Reise und jetzt das, da habe ich sicher eine gewisse Verpflichtung, oder?«, hakte ich nach.

»Nein, aber ich wäre zufrieden, wenn Sie mich ein- oder zweimal in der Woche etwas züchtigen könnten«, antwortete er.

»Ich soll Sie schlagen?«, fragte ich nach.

»Nur ein wenig«, bestätigte er.

Ich lehnte ab. »Nein, das kann ich nicht, da bin ich nicht die Richtige.« Doch er blieb hartnäckig und bestand darauf und ich lehnte erneut ab. Dann brach ich den Kontakt sofort ab und war froh, dass er nur meine Telefonnummer kannte. Eine Reise über Weihnachten und Neujahr wäre schön gewesen, aber so etwas konnte ich mir nicht vorstellen. Ich blieb zu Hause. Bis heute bin ich nicht in der Karibik gewesen, muss man ja auch nicht. Ich und Domina – auf was für Ideen diese Herren kommen!

Im Urlaub in den Bergen lernte ich vor vielen Jahren beim Spazierengehen eine Dame mit Kindern kennen. Leider verstarb sie jung, was ich durch Neujahrsgrüße an sie erfuhr. Der Witwer bat mich, ihn zu einer Soirée zu begleiten. Er war der Meinung, Freunde würden ihn seit dem Ableben seiner Frau nur aus Mitleid einladen. Obwohl wir uns kaum kannten, sagte ich zu. Es war eine anstrengende Reise von mehr als zehn Stunden. Die Soirée war sehr elegant und ansprechend, perfekt organisiert. Die anstrengende Reise hatte sich gelohnt und auf der Rückreise hatte ich eine schöne Erinnerung an einen gelungenen Abend. Seine Freunde brachten mir viel Sympathie entgegen und waren erfreut, dass ihr Freund »eine alte Freundin aus der Bergsteigerzeit« mitgebracht hatte. Einige Wochen später besuchte er mich anlässlich einer Durchreise nach Bremerhaven. Ich hatte gut gekocht und den Tisch hübsch gedeckt, aber er war der Meinung, meine Messer seien alle stumpf. Am Nachmittag machten wir noch einen Stadtbummel und er verschwand in einem Haushaltswarengeschäft, er wollte mir ein Gastgeschenk machen. Ich blieb vor der Tür, wegen der angenehmen Luft. Als er mit einer Tragetasche rauskam, ahnte ich nichts Schlimmes. Zu Hause öffnet er sofort das Paket, packte eine Messerschärfemaschine aus und fing sofort an, alle meine Messer zu schärfen. Ich war sprachlos! So ein Geschenk wollte ich nicht, brauchte ich auch nicht. Die Maschine wurde bisher nur an jenem Überraschungstag genutzt und steht nur im Schrank. So ein Verehrer hatte mir gerade noch gefehlt. Nein, danke! Ganz nebenbei, er war auch ein Angeber. Den Kontakt habe ich schnell eingestellt.

Internet

Ab 1990 wurde auch ich mit der modernen Technik, dem Internet konfrontiert. Eine neues Zeitalter brach an. Ob ich nun wollte oder nicht, ich musste mich anpassen, mein Sprachzentrum trainieren. Da gab es so viele neue Begriffe – Computer, E-Mail, Online, Outlook, Googeln, Homepages, Onlinebanking, Screenshot, Communities in allen Variationen und immer »die Maus« in der rechten Hand. Das Internet ist eine gute Erfindung, aber wie immer gibt es zwei Seiten. Die eine Seite ist hilfreich, die andere Seite ein Fluch für die gesamte Menschheit. Manche sind regelrecht süchtig.

Hatte man früher Angst vor Einbrechern, kann einem heute online das Konto leergeräumt werden. Man ist vor Viren, Trojanern, Cyberattacken usw. nicht sicher und wird fast täglich davor gewarnt. Der ganz normale Wahnsinn. Online-Freundschaft-Communities laufen dir ständig über den Weg. Die Werbung verspricht alles, »Papier« ist geduldig, die Neugier groß. Ich meldete mich »kostenfrei« bei einer an, wollte nur mal reinschauen, einen Vertrag brauchte ich nicht. Es meldeten sich Herren von überall aus der Welt und wollten chatten, also plaudern, ich wollte aber nur mailen. Damit war ich sofort nicht mehr interessant genug. Da ich kein Ganzkörperfoto eingestellt hatte, wollten viele wissen, wie meine Figur ist, wie meine Beine aussehen, wie breit meine Hüften sind. Aber was ging die das an? Es nervte. Ein Herr aus Fulda schrieb dann aber doch, und zwar: »Ich habe nicht gerne Haare im Mund.«

Ich antwortete: »Haare kommen bei mir nicht auf den Tisch.«

Was dachte der sich eigentlich? Ich hatte ihn wohl falsch verstanden, denn er meldete sich nicht mehr. Fulda war mir eh zu weit weg.

Ein anderer Herr aus der nordöstlichsten Region meldete sich sofort zu einem romantischen Wochenende an. Er wollte mir die Reisestrapazen nicht zumuten und opferte sich gerne selbst. Dem konnte ich nicht folgen und war froh, dass keiner meine Adresse sehen konnte, ich war anonym unterwegs.

Nach diversen anderen kabarettverdächtigen Erlebnissen kam ich zu dem Resultat, dass das ein »Bumsladen« war und im Übrigen reine Abzocke. Den Hausmann und Kavalier würde ich auf diese Weise nie finden.

Ein Kavalier

Sind Kavaliere wirklich ausgestorben?
Oder warten wir auf morgen?
Eine Renaissance vielleicht der guten Manieren,
Wiedersehen mit Blumen zieren.
Jedoch die Damen sind selber schuld,
verdrehen die Köpfe nach diesem Kult
der Sonnenbankbräune, Tattoos und Piercings,
dem Typ Mann als echten Fiesling.
Immer in Jeans und ärmellos,
stellen ihren Body bloß.
Sind selten leise, die Köpfe rasiert,
präsentieren sich ganz ungeniert.
Vorbei die Zeiten der Ritterlichkeit,
Flegel trifft man jederzeit.
Ach, du schöner Kavalier
komm schnell zurück vor meine Tür.

Eigentlich kannte ich ja auch alle wichtigen Männer: Tengelmann, Fleischmann, Deichmann, Fielmann, Roßmann, Eismann, Medizinmann, was wollte ich da noch mehr? Ich war ein Vamp und als Vamp sehr wählerisch. Nur einmal lief mir Paris über den Weg und das war im Haus der Geschichte. Mein Blick erfasste ihn, es war magisch, ich wartete auf den Apfel, aber er hatte wohl nur eine blonde Aphrodite im Sinn und ich war keine Blondine. Das musste ich akzeptieren. Er war auch kein Jüngling der griechischen Mythologie, sondern mehr Rhett Butler.

Single oder Partner – das muss jeder selbst entscheiden. Der Lebens-
philosophie meines Schwiegersohns »Freunde kann man sich aussuchen, Familie Fragezeichen« konnte ich nicht folgen. Freunde kommen
und gehen, Familie ist Erinnerung in Liebe bis ans Ende aller Tage.

Unfall

Nachdem meine Biographie gut gediehen war und ich den Entwurf dem Verlag zur Prüfung vorlegen wollte, hatte ich einen Unfall. Ich war auf der Terrasse, die Sonne blendete mich, ich stolperte und stürzte in einen Glanzmispelstrauch. Reflexartig wollte ich mich mit der linken Hand abfangen und da war es passiert – die Hand saß ganz schief. Wo waren meine Schutzengel? Oder sollte das ein Warnschuss sein, zukünftig besser aufzupassen? Der erste Unfall in meinem Leben. Es tat höllisch weh. Ich bestellte ein Taxi und ließ mich ins Unfallkrankenhaus bringen. Die moderne Radiologie sagte, die Hand sei gebrochen, es war eine »distale Radiusfraktur links« und die musste operiert werden. Aufgrund meiner schlechten Sauerstoffwerte und auch um mein Herz zu schonen, konnte keine Vollnarkose gemacht werden. Man entschied sich für eine Armplexusanästhesie, sodass ich die circa zweistündige Operation zumindest über die Ohren voll mitbekam. Mir blieb nichts erspart. Ich wäre so gerne eingeschlafen; wenigstens einen Dämmerschlaf hatte man mir versprochen.

Mein Sohn, der Erstgeborene, war am frühen Morgen bei mir und hatte wohl auch mit dem Arzt gesprochen. Hatte ich ihm zu verdanken, dass es auch keinen Dämmschlaf gab? Als ich aus dem Operationssaal kam, war er sofort an meiner Seite. Der Zweitgeborene rief mehrmals von auswärts an und war sehr besorgt. Hier waren sich die Brüder einig: Mutti wird noch gebraucht. So sollte es sein.

Die Narkose im Arm hielt zehn Stunden an, zehn Stunden spürte ich also keine Schmerzen, hatte nur einen linken Arm, der sich wie ein Stück Holz anfühlte. Aber dann wurde der Arm wieder Fleisch und das Gefühl kam zurück und damit kamen auch die Schmerzen. Ich habe noch nie so starke Schmerzen aushalten müssen, trotz fünf Rationen Schmerzmittel pro Tag. Dennoch bin ich viel zu früh nach vier Tagen Krankenhaus mit einem Taxi nach Hause gefahren. Krankenhausatmosphäre macht mich krank, dagegen bin ich allergisch. Zum Glück hatte ich zwei liebe Nachbarinnen, die sich um mich gekümmert haben.

Diese unfreiwillige Schreibpause hat mich einige Wochen zurückgeworfen.

Genetik

Und dann wurde diese Schaffenspause doch zum Glücksfall, denn nur wenige Tage nach dem Unfall bekam ich eine Nachricht von einem Gentechniklabor in der Schweiz, wo ich vor einiger Zeit einen Gentest abgegeben hatte; das erste Ergebnis meiner DNA lag vor. Das Ergebnis wunderte mich nicht, meine DNA findet sich zu 15 % in der jüdischen Diaspora, der Gruppe der Aschkenasim, und das zu 61 % in West- und Mitteleuropa. Ich bin Oma sehr nahe! Das freut mich sehr. Wir waren Seelenverwandte.

Schon während meiner Recherche zur Familienchronik hatte ich immer wieder den Wunsch, Nachkommen der Familie väterlicherseits zu finden, die im 19. Jahrhundert nach Amerika ausgewandert waren. Heinrich, der Bruder meines Großvaters, geboren 1850, war am 5. März 1880 in Amerika naturalisiert worden. Diese Information hatte ich schon in 2013 von der Gesellschaft für Familienforschung e.V.»DIE MAUS« in Bremerhaven bekommen. Mein Großvater war bei der Auswanderung des Bruders 16 Jahre alt und wollte später nachkommen. Aber die Zeiten änderten sich, die Familie blieb in Deutschland, jedoch wurde immer wieder von Heinrich gesprochen.

Es wäre wirklich für mich eine große Freude, wenn ich tatsächlich Nachkommen von ihm finden würde, ein Erfolgserlebnis. Die Hoffnung stirbt zuletzt, also hoffe ich und ich hoffe auch, dass meine DNA ausreicht, denn ein Y-DNA habe ich als weibliche Nachkommin ja nicht, oder ich müsste versuchen, meine Cousins als direkte männliche Nachkommen von Opa Ferdi zu überzeugen, ebenfalls einen Gentest zu machen. Das ist eine Kostenfrage und daher nicht einfach.

Resümee

Welcher Prophet den Menschen das Sprichwort »Reden ist Silber, Schweigen ist Gold« mit auf den Lebensweg gegeben hat, weiß ich nicht, aber es stimmt nicht immer. Hätte ich nach meinen Erlebnissen in Wiesbaden und Hamburg mit meiner Familie geredet, wäre mir vieles erspart geblieben. Schuld war meine Naivität. Wer die Wahrheit beugt und drum herumredet, ist gefangen in einem Irrgarten, findet den Ausweg nicht. Da mein ehemaliger Ehemann für mich schon seit mehr als 40 Jahren »verstorben« war, hat mich sein tatsächliches Ableben mit 77 Jahren nach schwerer Krankheit kaum berührt. Traurig war ich aber darüber, dass die Kinder noch einmal in die schicksalhafte und folgenschwere Vergangenheit zurückblicken mussten. Das einzige Erbe bestand aus traurigen Erinnerungen.

Shalom

Mein Alptraum, als Mutter im Nachthemd und auf nackten Füßen in einer regennassen Winternacht mit einem kleinen Mädchen an der Hand schutzsuchend zu einer Nachbarin zu laufen, wird immer blasser und immer mehr zur Fata Morgana.

Anhang

Die Dokumente aus der Nachkriegszeit sind Geschenke einer lieben Freundin, die den Wahnsinn überlebt hat und auf der Flucht nur mit viel Glück ihr Leben retten konnte.

Lebensmittelmarken:
Fett – Fleisch – Butter
Brot – Zucker

	b 1	b 1	a 1	a 1	1 ●	1 ●	11 ●	11 ●	21 ●	21 ●	31 ●	31 ●	41 ●	41 ●	51 ●	51 ●
7 ●					Gültig ab 1.10.45	Gültig ab 1.10.45	Gültig ab 1.10.45	Gültig ab 1.10.45	Gültig ab 1. 8. 45	Gültig ab 1. 8. 45	Gültig ab 1. 5. 45	Gültig ab 1. 5. 45	Gültig ab 1. 2. 45	Gültig ab 1. 2. 45	Gültig ab 1.11.44	Gültig ab 1.11.44
	b 2	b 2	a 2	a 2	2 ●	2 ●	12 ●	12 ●	22 ●	22 ●	32 ●	32 ●	42 ●	42 ●		
					Gültig ab 1.10.45	Gültig ab 1.10.45	300 g ab 1.10.45	Gültig ab 1.10.45	Gültig ab 1. 8. 45	Gültig ab 1. 8. 45	Gültig ab 1. 5. 45	Gültig ab 1. 5. 45	Gültig ab 1. 2. 45	Gültig ab 1. 2. 45		
8 ●	b 3 ●		a 3 ●		3 ● Gültig ab 1. 10. 45		13 ● Gültig ab 1. 10. 45		23 ● Gültig ab 1. 8. 45		33 ● Gültig ab 1. 5. 45		43 ● Gültig ab 1. 2. 45			
	b 4 ●		a 4 ●		4 ● Gültig ab 1. 10. 45		14 ● Gültig ab 1. 10. 45		24 ● Gültig ab 1. 8. 45		34 ● Gültig ab 1. 5. 45		44 ● Gültig ab 1. 2. 45			
	b 5 ●		a 5 ●		5 ● Gültig ab 1. 10. 45		15 ● Gültig ab 1. 10. 45		25 ● Gültig ab 1. 8. 45		35 ● Gültig ab 1. 5. 45		45 ● Gültig ab 1. 2. 45			
9 ●	b 6 ●		a 6 ●		6 ● Gültig ab 1. 10. 45		16 ● Gültig ab 1. 10. 45		26 ● Gültig ab 1. 8. 45		36 ● Gültig ab 1. 5. 45		46 ● Gültig ab 1. 2. 45			
	b 7 ●		a 7 ●		7 ● Gültig ab 1. 10. 45		17 ● Gültig ab 1. 10. 45		27 ● Gültig ab 1. 8. 45		37 ● Gültig ab 1. 5. 45		47 ● Gültig ab 1. 2. 45			
	b 8 ●		a 8 ●		8 ● Gültig ab 1. 10. 45		18 ● Gültig ab 1. 10. 45		28 ● Gültig ab 1. 8. 45		38 ● Gültig ab 1. 5. 45		48 ● Gültig ab 1. 2. 45			
10 ●	b 9 ●		a 9 ●		9 ● Gültig ab 1. 10. 45		19 ● Gültig ab 1. 10. 45		29 ● Gültig ab 1. 8. 45		39 ● Gültig ab 1. 5. 45		49 ● Gültig ab 1. 2. 45			
	b 10 ●		a 10 ●		10 ● Gültig ab 1. 10. 45		20 ● Gültig ab 1. 10. 45		30 ● Gültig ab 1. 8. 45		40 ● Gültig ab 1. 5. 45		50 ● Gültig ab 1. 2. 45			

Bezugsmarken

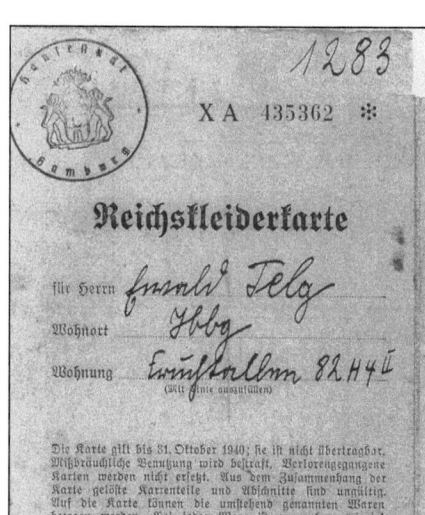

1283

X A 435362 ✳

Reichskleiderkarte

für Herrn *Ewald Telg*

Wohnort *Ibbg*

Wohnung *Ernststollen 82 H 4 II*
(Mit Tinte auszufüllen)

Die Karte gilt bis 31. Oktober 1940; sie ist nicht übertragbar. Mißbräuchliche Benutzung wird bestraft. Verlorengegangene Karten werden nicht ersetzt. Aus dem Zusammenhang der Karte gelöste Kartenteile und Abschnitte sind ungültig. Auf die Karte können die umstehend genannten Waren bezogen werden. Bei jeder Ware ist angegeben, wieviel Abschnitte zum Kauf benötigt werden. Für nicht aufgeführte Spinnstoffwaren (z. B. Sommer- und Wintermäntel, Bett- und Tischwäsche) müssen, soweit sie bezugscheinpflichtig sind, Einzelbezugscheine beantragt werden.

Reichskleiderkarte

Kaufe nur, was du wirklich dringend brauchst! Du mußt mit der Karte bis zum 31. 10. 1940 auskommen. Alle Abschnitte sind bis zu diesem Zeitpunkt gültig.

Erläuterungen

Die Karte darf nur zur Befriedigung des Bedarfs des Karteninhabers benutzt werden.

Die Abschnitte können von dem aufgedruckten Zeitpunkt ab bis zum 31. 10. 1940 ausgenutzt werden. Am 1. 11. 39 werden die Abschnitte 1–30, am 1. 2. 40 die Abschnitte 31–40, am 1. 4. 40 die Abschnitte 41–60 fällig usw. Die mit Strichen umrandeten Abschnitte können auch vor ihrer Fälligkeit zum Kauf eines Anzugs, eines Mantels, einer Winterjoppe, einer Jacke, einer Hose, eines Trainingsanzugs, eines Bademantels oder von Zutaten für einen Anzug benutzt werden.

Die benötigten Abschnitte werden von dem Verkäufer vor Aushändigung der Ware von der Karte abgetrennt und einbehalten. Beim Bezug von Strümpfen oder Socken trennt der Verkäufer außerdem den entsprechenden auf dem 1. Kartenteil unten aufgedruckten Bezugsnachweis ab und behält ihn ein.

Auf die Karte ... Geschäft eingela...

	Kleidermarken
IX	
VIII	
VII	
VI	
II	
I	

Beispiele

Die folgenden Beispiele sind willkürlich gewählt. Tagibt für die Zusammenstellung des Jahresbedarfs jahliche Möglichkeiten, die sich nach den Bedürfnissen des Inhabers der Kleiderkarte richten.

1. Beispiel

Zeit-raum	Fällige Abschn.	Gekaufte Ware	Zahl d. Abschn.	Gesparte Abschn.
1	2	3	4	5
Nov. Jan.	30	1 Paar Socken 1 Schal 1 Paar Handschuhe	5 7 7	11
Febr. März	10 *)	1 Taschentuch 1 Paar Socken	2 5	12
April Mai	20 *) + 11 *)	1 Taghemd 2 Kragen	20 6	0
Juni Aug.	20 *) + 12 *) + 6 *)	1 kurze Garnitur	25	1
Sept. Okt.	20 *) + 1 *)	2 Krawatten	6	—
			auf. 100	

2. Beispiel

Falls Sie einen Anzug auf Vorgriff kaufen oder bei Ihrem Schneider bestellen, werden von der Kleiderkarte innerhalb der hart umrandeten Linie 40 Abschnitte abgeschnitten. Es verbleiben Ihnen dann noch 40 Abschnitte, die wie folgt verwendet werden können:

Nov. Jan.	12	1 Paar Socken 1 Schal	5 7	7
Febr. März	4 *)	—	—	4
April Mai	8 *)	1 Paar Handschuhe 1 Krawatte	7 3	2
Juni Aug.	+ 4 *) + 2 *)	2 Paar Socken	10	—
Sept. Okt.	8	1 Weste	8	—
			auf. 40	

*) Gesparte Abschnitte (s. Sp. 5)

d	e
Bezugsnachweis über 1 weiteres Paar Strümpfe od. Socken, zu beziehen ab 1. 11. 39	Bezugsnachweis über 1 weiteres Paar Strümpfe od. Socken, zu beziehen ab 4. 3. 40

Warenwert der Abschnitte

	Abschnitte			Abschnitte
1 Taschentuch	2	1 Anzug		60
1 Paar lange oder ¾ lange Strümpfe	8	1 Zutaten für 1 Anzug (falls Oberstoff vorhanden)		30
1 Paar Socken	5	1 Hose		20
1 Paar Handschuhe aus Spinnstoff	7	1 Weste		8
1 Schal	7	1 Jacke oder Joppe		32
1 Pullover oder Strickweste	30	1 Winterjoppe		40
1 Unterhose lang	20	1 kurze Oberhose (Shorts)		15
1 Unterhose kurz	12	1 Windjacke oder Windbluse		25
1 Unterjacke (Unterhemd)	15	1 Gummimantel oder Staubmantel		25
1 Hemdhose oder kurze Garnitur	25	1 sonstiger Regenmantel		50
1 Polohemd mit kurzem Ärmel	8	1 Badehose		10
1 Taghemd (auch Oberhemd)	20	1 Badeanzug		20
1 Kragen	3	1 Bademantel		30
1 Nachthemd	25	1 Trainingsanzug		25
1 Schlafanzug	30	1 Krawatte		3
		100 g Strickgarn		7

Die im Verzeichnis genannten Waren können auf die Abschnitte 1 bis 100 bezogen werden. Der Bezug von Strümpfen oder Socken ist jedoch auf 5 Paar beschränkt. Davon zwei 3 Paar Strümpfe gegen Entwertung von je 8 Abschnitten bzw. 3 Paar Socken gegen Entwertung von je 5 Abschnitten erhältlich, 2 weitere Paar Strümpfe oder Socken können nur gegen die doppelte Anzahl von Abschnitten — also 16 bzw. 10 Abschnitten für 1 Paar — bezogen werden. Die Abschnitte X bis XIII dienen zum Bezug von Stoff für Ausbesserungszwecke. Die Abschnitte I bis IX sind für den Bezug von Waren vorgesehen, die gegebenenfalls besonders bekanntgemacht werden. Bei Maßanfertigung wird nach besonderen Vorschriften, die bei jedem Schneider zu erfahren sind, die gleiche Anzahl von Abschnitten entwertet wie beim Kauf fertiger Kleidungsstücke.

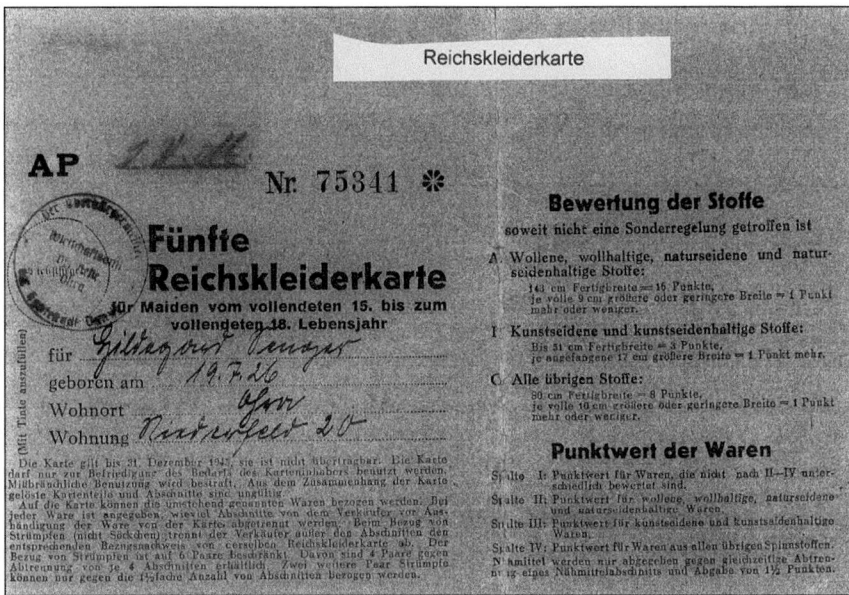

Reichskleiderkarte

AP   Nr. 75341 ✳

Fünfte Reichskleiderkarte

für Maiden vom vollendeten 15. bis zum vollendeten 18. Lebensjahr

für _Hildegard Senger_

geboren am _19.7.26_

Wohnort _Harr_

Wohnung _Kirchfeld 20_

Bewertung der Stoffe
soweit nicht eine Sonderregelung getroffen ist

A. Wollene, wollhaltige, naturseidene und naturseidenhaltige Stoffe:

B. Kunstseidene und kunstseidenhaltige Stoffe:

C. Alle übrigen Stoffe:

Punktwert der Waren

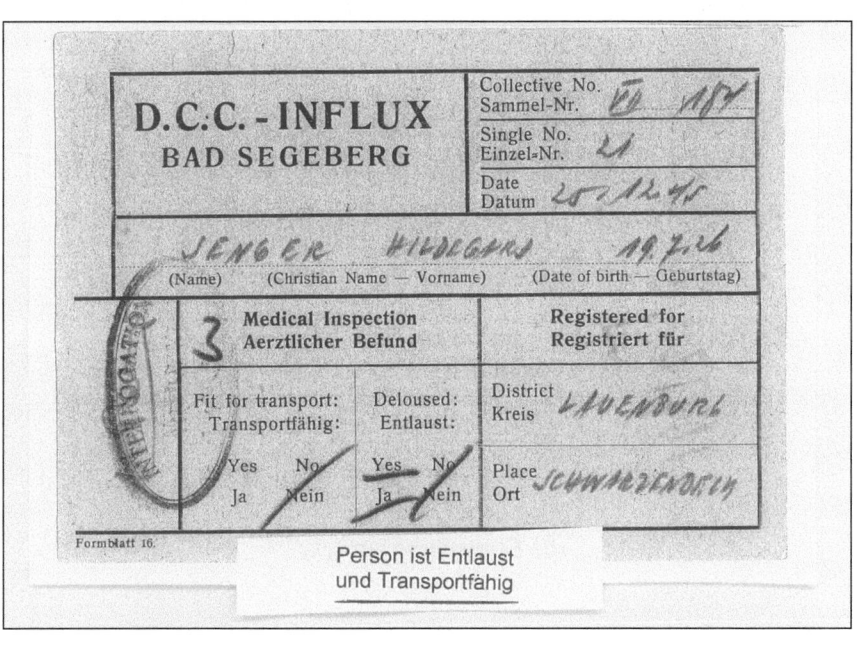

D.C.C. - INFLUX
BAD SEGEBERG

Collective No. / Sammel-Nr.
Single No. / Einzel-Nr. _21_
Date / Datum

SENGER   HILDEGARD   19.7.26

(Name)   (Christian Name — Vorname)   (Date of birth — Geburtstag)

Medical Inspection / Aerztlicher Befund

Registered for / Registriert für

Fit for transport: / Transportfähig: Deloused: / Entlaust:

District / Kreis _LAUENBURG_

Yes / Ja   No / Nein   Yes / Ja   No / Nein

Place / Ort _SCHWARZENBEK_

Formblatt 16.

Person ist Entlaust und Transportfähig

171

Das Leben geht weiter,
die Erinnerung zurück.

Elvira Christina Westphal wurde in der Zeit des Nationalsozialismus geboren. Schon in früher Kindheit schrieb sie Gedichte und Erzählungen, die sie als Liebesgabe in der Familie und an Freunde verschenkte und später sporadisch veröffentlichte. ECW ist geschieden, Mutter von drei Kindern und hat drei Enkelsöhne. Aufgrund ihrer Rückkehr in den Beruf fand sie erst als Seniorin Muße, ihre Gedanken und Fotografien zu veröffentlichen. Sie ist weltoffen und ihre Interessen gelten der Familie, der Natur, Geschichte, Reisen, Fotografieren, Lesen und Schreiben.

In 2015 erschien: »Quelle der Liebe – Quelle der Fantasie«, Velten Verlag, 14,99 Euro, ISBN: 978-3-938113-46-2, »Quelle der Liebe – Quelle der Fantasie: Poesie für jeden Anlass« ist eine Sammlung von Aphorismen, Sprüchen und Poesie für jeden Tag. VERGRIFFEN

Kundenrezensionen »Poesie für jeden Anlass«
Von 1989wobwoman am, 26. März 2017, verifizierter Kauf:»Das Buch enthält sehr schöne Poesie und ist es wirklich wert gekauft zu werden. Leider fällt auf, dass die Ränder des Buches nicht besonders gut sind – ein Fehler, der durch den Druck durch den Verlag geschehen ist. Nichts desto trotz empfehle ich dieses Buch, denn der Inhalt ist sehr wertvoll und kostbar. Dazu befinden sich sehr schöne Bilder mit in dem Buch – jede Seite mit Poesie hat eine dazugehörige Seite mit einem passenden Bild. Viele liebe Grüße an Frau Westphal und mein Respekt vor den wunderschönen Gedanken und dieser Kunst.«

In 2016 erschien »Abschied nehmen im Wandel der Zeit«, Trauergedanken – Erinnerungen, stille Gespräche ohne Zeit und Raum, ISBN: 978-3-00-053080-7, 12, 90 Euro

Das Buch zum »In-sich-gehen«, Innehalten und Nachdenken über das Leben ist Seelentröster und Lebenserinnerung und Abschied in Liebe bis ans Ende aller Tage. Mit vielen liebevollen Texten und ausdrucksstarken Fotografien lädt es zum Verweilen ein. Das Buch eignet sich auch als kleines Geschenk an vertraute Personen. Es gibt Raum, wieder einmal an Verstorbene zu denken, mit denen man ein Stück des Weges gegangen ist. Besonders die vielen Fotografien der verschiedenen Blumen und der Natur lassen Innehalten und Ruhe finden. An besonderen Gedenktagen mit einem Foto eines Verstorbenen versehen, kann auch nach Jahren noch liebevoll erinnert werden.

In 2017 erschien »Desiree's Tagträume«, Zauberhafte Momente von Tag zu Tag, eine Anthologie, ISBN: 978-3-7448-2905-2, BoD

Einige spontane Zuschriften:

Christine P.: »Hallo, meinen Glückwunsch zu Ihrem neuen Werk. Voller Be-
geisterung habe ich Probe gelesen und bin hin und weg. Auch bin ich davon
überzeugt, dass Ihr neues Werk ein voller Erfolg wird. Dieses wunderbare Buch
wird wohl in den nächsten Tagen in meinen Besitz übergehen. In diesem Sinne
ein schönes Wochenende und glG von Christine P.«

Hilde W.: »Als ich Ihr Buch »Desiree's Tagträume« in der Hand hielt, musste
ich sofort schmökern. Mir sind viele Erinnerungen gekommen, ich werde es
gerne empfehlen.«

Gisela P.: »Desiree's Tagträume« ist ein hübsches Büchlein und zauberhaft illus-
triert. Es macht mich traurig, dass dein Sehvermögen immer schlechter wird.«

Ute L.: »Ich in sehr beeindruckt über deine Schaffenskraft und Fotosammlung
und Bücher. Ich wünsche dir viel Glück und pass auf dich auf.«

**Wie ein Phönix aus der Asche
erblühten unsere Städte neu
und das Leben war wieder lebenswert!**

*Unterm Strich:
Es ging uns noch nie so gut wie heute!*